なぜ、あの会社はつぶれないのか？

100年企業の物語

まえがき

米国ノースカロライナ州の州都ローリーにあった小さなレストラン。ニューヨーク特派員だった2003年、創業から101年続く岩手県の造り酒屋が開いた日本酒の試飲会を取材した。和服姿でテーブルを回り、米国人によく冷えた地酒をふるまっていたのは、30歳の5代目蔵元。当時、日本は長期不況の真っただ中で、従業員わずか20人の地方酒造は厳しい経営を強いられていた。5年前に父親から蔵元を継いだ彼が活路を見いだしたのが海外輸出だった。英文ラベルの製作や品質を保つ冷蔵輸送など手間やコストを考えればとても採算に合わない、と社内や蔵元仲間から反対されたが押し切った。「伝統と言えば聞こえはいいが、何もしないであぐらをかいているだけではいずれ消えてなくなる」。彼の言葉は明快だった。

あれから20年。伝統の地酒は欧米や香港など世界40カ国近くに輸出、国内でも再評価が進んだ。業界全体を見渡しても、国内市場頼みだった日本酒は折からの和食ブームにも乗り、日本の食文化を代表する「SAKE」として国際社会に定着した。歴史と伝統の技を武器に海外でもまれ、認知されることでブランド力を磨く彼の戦略は、「古くさい」「時代遅れ」といったマイナスイメージを希少価値というプラスに変え、地方の老舗企業は息を吹き返した。

ある調査によれば、創業100年を超える企業は世界でおよそ8万社。日本は半数を占め、製造業が集積する中部地方にはそうした「ももとせ(100年)企業」が多い。終戦やオイルショック、バブル崩壊にリーマンショック、新型コロナ禍も…。何度もあった時代の転換点。100年を超えてなお時を刻む企業は何を受け継ぎ、何を変えることで逆境を乗り越えられたのか。本書は、その秘密に迫ろうと中日新聞で2018年1月~23年12月に長期連載した「ももとせ物語」をベースに加筆した単行本だ。

「強いものが生き残るのではない。変化に対応できたものが生き残る」。進化論を唱えたダーウィンの有名な言葉だ。人口減に伴う労働市場の縮小や生成AI(人工知能)がもたらすデジタル革命など新たな時代の波が押し寄せ、企業は対応を求められる。「持続可能な社会」や「人生100年時代」がキーワードになる現代。それが意味するところは単に歳月を重ねるだけでなく変化に対して柔軟にふるまうしなやかなライフスタイルへの転換であり、従来の右肩上がりの成長路線とは大きく異なる。ももとせ企業とそこに働く人々の物語を紡いだ本書が、現代を生き、未来へ歩みを進めるヒントになることを切に願っている。

中日新聞編集局長　寺本政司

なぜ、あの会社はつぶれないのか？

100年企業の物語

目次

CONTENTS

story

INTERVIEW 02 後藤俊夫(100年経営研究機構代表理事)……105

story

story

story

【凡例】

本書は2018年1月から23年12月にかけて、中日新聞朝刊に連載した「ももとせ物語」を書籍化したものです。

本書に登場する人の肩書、年齢、経歴、企業データなどは新聞掲載時点、敬称は略しました。

各回の初出掲載日は、巻末の一覧を参照。

1 story

柿安本店

挑んだ。新たな歴史に

「覚えとけよ。
輝いていればもう一度
チャンスがある」

新しい時代の到来に耳をそばだてていた男がいた。三重県で柿の行商をなりわいとしていた赤塚安《やす》次郎《じろう》（一八三五～一九一四年）。「柿の安っさ」と呼ばれていた男はある日、うわさを聞く。東京で牛鍋屋が繁盛しているそうな――。

「牛鍋食はねば開化不進奴《ひらけぬやつ》」。江戸末期から明治期の戯作者《げさくしゃ》、仮名垣魯文《かながきろぶん》は「安愚楽鍋《あぐらなべ》」で維新直後の世相をこう記す。牛肉とネギを鍋で煮た牛鍋。庶民があまり口にしなかった肉だったが、一転、食わない者は流行遅れという激変ぶり。文明開化の波は日本の食も変えようとしていた。安次郎も上京し、この味を舌で確かめたと、今に伝わる。

安次郎は一八七一（明治四）年、東海道の宿場町、三重・桑名で、当時珍しい牛鍋屋と精肉販売を始めた。屋号は「柿安」。今に続く「柿安本店」の源流だ。店は評判を呼び、柿安の礎を築いていく。

戦後は高度経済成長に乗り、一九六七（昭和四十二）年、名古屋駅前にすき焼き店を開店。四年後、ついに名店がしのぎを削る東京・銀座に進出を果たす。創業百周年の年だった。昭和、平成へとさらに店舗を拡大した柿安。だが、順風だった会社は突如、苦境にさらされる。

二〇〇一年九月十日だった。国内初の牛海綿状脳症（ＢＳＥ）に感染した疑いがある牛が見つかった。メディアには連日、「狂牛病」の文字が躍った。

当時、八割を牛肉関連の事業で稼ぎ出していた柿安への打撃は甚大だった。和牛全てが危険と思われ、レストランから客が消えた。翌年、創業以来初の赤字に転落する。

存亡の機に立った柿安。「リストラすべきだ」。外から厳しい声が上がった。だが、従業員千三百人の生活がかかっていた。〇一年、社長に就いたばかりの五代目、保（83）。「見えない出口に眠れない日々が続いた」。後年、この時のつらさを自著で吐露している。

現場も揺れた。柿安ブランドの品質を支えてきた桑名市の牛肉加工工場。「さばく肉がなくなっていく。一気に仕事が減る怖さがあった」。勤続四十年余の林正孝（66）は述懐する。牛肉の加工を一部、豚肉に切り替え、窮状に耐えた。

保は大半のレストランの閉鎖を決断する。中には東京進出を果たした銀座店もあった。閉店の日。レストラン部門の責任者だった息子、保正（54）はこの日の父の言葉を忘れない。「残念やな。ただな、覚えとけよ。柿安が輝いていればもう一度チャンスがある」

それが秘めた決意だったかのように、保は「攻め」に転じる。今や「デパ地下」の代名詞となった総菜店の拡大に打って出たのだ。

勝算はあった。BSE危機の三年前。柿安は既に総菜専門の一号店をオープンさせていた。「老舗のイメージ低下になるのでは」。当初、心配する声もあった。だが時はバブル崩壊後。社用族は減り、レストラン事業は伸び悩んでいた。一方で、働く女性が増え、「食」を取り巻くニーズは変化していた。種をまいていた、この総菜事業を柱に育てることに社運を懸けた。

その場で調理し、見た目も華やかな総菜を提供するスタイル。瞬く間に忙しい女性らの心を捉えていく。雇用も守り抜き、わずか一年でV字回復を果たした。

まもなく創業百五十年。社長となった保正は、老舗ののれんにしがみつく姿勢を戒める。柿の行商から異業種に転じた祖先。時流を捉えて危機を救った父。「挑戦してこそ、新しい歴史は生まれる」。六代目は時代の先を見つめている。

柿安の原点・牛鍋のおいしさを今に伝えるすき焼き＝三重県桑名市の柿安料亭本店で

[扉写真]明治初期に牛鍋屋を開いた赤塚安次郎＝柿安本店提供

明治
こんな時代
だった

「食」

「文明開化」の代名詞といえば、何といっても牛鍋。幕末、西洋人が多く住んでいた横浜で始まり、広まっていったとされる。東京では1868（明治元）年に初の牛鍋屋が開店した。その後、多くの店ができ、庶民の間で流行。74年には明治天皇が牛肉を試食したことが新聞で報じられ、全国的に肉食が受け入れられていく。

『近代日本食文化年表』（小菅桂子著・雄山閣刊）によると、77年ごろには東京の牛鍋屋は550店を数えたというから社会への浸透がいかに早かったかが分かる。

パン食も急速に広まり、東京・銀座の「木村屋」が74年にあんパンを販売し、人気を呼ぶ。カレーライスやシチューなど今ではおなじみの家庭料理が知られるようになったのも明治期。トマトやキャベツといった洋野菜も普及していくなど、日本人の食卓が大きく変化した。

corporate data

創業は1871（明治4）年11月。従業員は社員、パート含め3442人で、2017年2月期の売上高は約435億円。現在、精肉▽レストラン▽総菜▽牛肉のしぐれ煮などの食品▽和菓子―の5部門の基幹事業を展開する。17年8月現在での店舗数は計362店。「おいしいものをお値打ちに提供する」が経営理念。本社は、三重県桑名市。

2 story

ホーユー

開拓精神どこまでも

「今花開くことはないかもしれないが種をまき続ける」

じりじりと、くらむような日差しが肌を刺した。熱帯のねっとりした空気に、土ぼこりが絡み合う。汚水が乾いたような嫌な臭いが漂い、鼻の奥を突いた。

赤道近くの中南米・オランダ領ギアナ（現スリナム）の首都。ホーユー貿易課に所属していた中西登志弘（75）は一九七〇年代初頭、単身で営業に乗り込んだこの地の光景が今も頭に焼きつく。

「良い商品です。これを皆に広めてください。あなただけが、私たちの命綱なんです！」。手にしていたのは、主力商品の染毛剤「ビゲン」。栓を抜き、代理店の店主に、においをかがせながら英語で熱っぽく語りかけた。

このころ既に東南アジアに進出し、成功を収めていたホーユー。次に狙いを定めたのが、黒髪の人や日系移民が多い、中南米市場だった。

当時、海外では「一国一代理店制度」を取っていた。一つの代理店と独占契約を結び、地域の薬局に卸す仕組みだ。ギアナにも中西の先輩社員が開拓した代理店はあったが、売り上げは思わしくなかった。商品が根付くかは代理店の売り込みがかぎ。なんとしても、その店主をやる気にさせる必要があった。

さらに中西は、代理店任せにせず、小さな薬局も自らの足で回った。三日間の滞在で、三十軒。くたくたになり、ホテルに着くと、日報だけ書いてベッドに倒れ込む日々が続いた。

一カ月に及ぶ出張は一度に十カ国ほどを巡る強行軍だ。政情が不安定化した八〇年代初頭のパナマでは、暴動に遭遇。ホテルで缶詰め状態になった。時に危険と隣り合わせの激務。中西を支えていたのは、「この良い商品を世界に広めたい」の一念だった。

最前線の営業マンたちに刻まれるホーユーの「フロンティア精神」。その原点は、創業者水野増次郎（一八七九〜一九五九年）だ。

増次郎は十四歳から製薬業者ででっち奉公した後、二十七歳で独立。一九〇五（明治三十八）年に薬品製造販売「水野甘苦堂《かんくどう》」を開業した。染毛剤が東京ではやりだしたのを知って開発に乗り出し、開業から四年後に「二羽《にわ》からす」を発売した。

染毛剤を主力に事業を拡大した増次郎は三〇（昭和五）年、愛知県主催の朝鮮・中国大陸商工視察団に参加。黒髪の人々を見て大きな可能性を感じた。

「求める人がいればどこまでも」。増次郎の決断は速かった。中国東北部に旧満州が建国された二年後の三四年、新京（現・長春）に進出し、翌年には地上四階地下一階の支店ビルを建設した。四一年には北京にも出店。戦時下で苦しむ国内事業を、海外での利益が支えた。

だが、太平洋戦争の敗戦で、海外の資産を全て失ってしまう。再起をかけた世界進出の夢は二代目、金平（88）に引き継がれる。「海外雄飛はおやじ譲りのホーユーの伝統」。世界の七割が黒髪。その多くが東南アジアに住む。金平の目は当然、その巨大市場に向いた。五四年のタイをきっかけに台湾、香港、韓国、シンガポールと次々に進出していく。

三十代の時、アジア諸国の営業に赴いた四代目の現社長、真紀夫（59）。「私たちの商品は時代や国境を超えて必要とされる。今、花開くことはないかもしれないが、種をまき続ける」。視線の先に見据えるのは、経済発展著しい、最後のフロンティア、アフリカだ。「もちろん市場があれば取りに行く」「どこまでも」—。増次郎の精神が色あせることは、ない。

世界で販売する商品もここで開発される＝愛知県長久手市のホーユー総合研究所で

[扉写真]ベネズエラ・カラカスで代理店の関係者と杯を傾ける水野金平社長(右端)＝1977年8月、ホーユー提供

明治 こんな時代だった 「ファッション」

文明開化は人々の装いも変えた。明治維新後、軍服に洋装が導入され、鉄道員、郵便局員と続いた。政府は、宮中の礼装にも洋服を採用。華族は横浜の外国人居留地で作られた舶来生地の洋服を着て、迎賓館「鹿鳴館」で外国の客人をもてなす舞踏会を開いた。

明治初期は洋装はまだまだ上流階級の装い。庶民は和服が一般的だった。次第に、女学生は、はかまにブーツ、男子学生は着物の下にボタン付きシャツという和洋折衷の装いが流行。明治中期になると、背広が通勤着として普及した。時代の最先端を表す「ハイカラ」は、洋行帰りの男性の間ではやった高襟（ハイカラー）にちなむ。

髪形も変化。維新後、政府は男性にまげを下ろすことを奨励し、「ざんぎり頭」が増えた。女性は日本髪に代わって三つ編みなどが人気になった。

corporate data

1905（明治38）年創業。23（大正12）年に株式会社朋友商会を設立し、64（昭和39）年にホーユーに社名変更した。「ビゲン」「シエロ」などのブランドを展開。シャンプー式の「ビゲンヘアカラー」で業界トップに立った。海外では、9の国と地域に営業拠点、3カ国に工場を持ち、70カ国で販売する。売り上げの3割を海外が占める。社員数は958人。本社は名古屋市東区徳川1。

3 story

中日本氷糖

こだわりの塊。
数センチ大

「小さくても金になれ。
大きな鉛になるな」

Ｂ29の大編隊が闇夜を覆った。終戦間際の一九四五（昭和二十）年七月二十八日深夜。雨のように降り注ぐ焼夷《しょうい》弾が街を焼いていく。愛知県一宮市が狙われた空襲。多くの命が奪われ、火は、三日三晩、燃え続けた。

市中心部の真清田《ますみだ》神社近くにあった、氷砂糖メーカー「福井商店」（後の中日本氷糖《ひょうとう》）。木造の店舗と工場も灰になった。焼け跡には弾の破片が散らばっていた。この夜、二代目の福井大一《たいいち》（一九一二～二〇〇一年）は、すべてを失った。

「戦争」は大一と会社の運命を翻弄《ほんろう》し続けた。

中日本氷糖の創業は、大一の父、浅吉《あさきち》（一八八三～一九五八年）が氷砂糖製造を始めた、一八九五（明治二十八）年。「馬印」のさっぱりした味わいの氷砂糖は評判を呼び、大正期には名古屋市などに販路を広げ、軌道に乗った。

転機は空襲の三年前。戦時下の経済統制を強める政府に大阪のメーカーへの合併を命じられた。大一は家業を奪われ、倒産状態に。追い打ちをかけるように「赤紙」が届いた。だが、病弱だったため、わずか一週間で戦場に赴くことなく帰宅した。「万歳三唱で送り出されたのに…」。大一は失意の中、人力車で顔を隠しながら帰宅した。それでも「お国のため」と、戦時中は疎開先の岐阜県養老町で、畑違いの軍用機のねじを製造。戦後はパンやうどんを作り、食いつないだ。

光が差したのは終戦から六年後。連合国軍総司令部（ＧＨＱ）から砂糖製造の許可が出たのだ。まもなく朝鮮戦争の特需で、砂糖や繊維などの「三白景気《さんぱくけいき》」が到来。大一は普通の砂糖の製造にも乗り出す。甘みに飢えた国民に作るだけ売れた時代。大手に負けじと、生産設備を増強した。

だが、追い風は続かない。一九六三年の原料の輸入自由化で砂糖価格は下落。過当競争で赤字に転落し、回復の見通しも立たなかった。

この苦境を救ったのが、「本業」の氷砂糖だった。市場が小さいため大手は手を出さない。「手堅い利益が見込める」とみた大一は、一本に絞る決断をする。

「小さくても金になれ。大きな鉛になるな」―。大一は口癖のように語った。

売り上げの六割を占めながら利益を食いつぶす砂糖を捨て、本業の「金」を磨くことに社運を託した。大一の息子で、三代目の敏夫（78）はしみじみと語る。「選択肢がない会社は競争を続け、つぶれていった。今があるのは氷砂糖があったから」

氷砂糖で国内トップシェアを目指す転換点になったのも「危機」だった。

製造は、高温の部屋で重い金属トレーを出し入れするきつい作業。辞める従業員が続出し、八〇年代ごろから人手不足が不安材料に。機械メーカーに自動化を持ち掛けたが、「機械が特殊すぎる」と協力は得られなかった。

敏夫は平成に入った九一年、自前で開発に着手。南濃工場（岐阜県海津市）で試作機を手作りしては半年間動かし、擦り切れた部分を補強する地道な作業を繰り返した。

「試行錯誤の連続だった」。開発に携わった工場長の林忠幸（59）は完成まで四年に及んだ苦闘の日々を振り返る。ロボットがトレーを取り出し、氷砂糖を生み出す自動製造器―。業界初の快挙だった。自動化で大幅に経費削減を実現。コスト競争で離脱した同業を吸収し、シェアを奪った。

会長となった敏夫は言う。「小さくニッチな（狭い）分野にこだわり続ける。だからこそ、『そこ』

では決して負けない」。幾多の苦難を乗り越えた誇りと魂が、数センチ大の小さな塊に詰まっている。

氷砂糖を見つめる福井敏夫会長＝岐阜県海津市の中日本氷糖南濃工場で

［扉写真］1952年に氷砂糖製造を再開した直後、製品を積み込んだ「馬印氷砂糖」のトラック＝中日本氷糖提供

明治 こんな時代だった 「スイーツ」

幕末から明治初期にかけて横浜や函館などに開業したホテルやレストランで、西洋人が洋菓子を用いて、日本人と交流しようとしたが、最初は初めて見る食べ物を口にする人は少なかった。

宮内省の食事係だった村上光保が、横浜でフランス人サミュエル・ペールに高級洋菓子づくりを学び、1874（明治7）年に日本初の西洋菓子専門店「村上開新堂」を東京・麹町に開く。その後、村上は迎賓館「鹿鳴館」でも洋菓子を担当。アイスクリームや焼き菓子を振る舞って外交の一翼を担った。

明治期に「風月堂」や「不二家」など、今も続く有名店が東京や横浜で開業。バウムクーヘンやシュークリーム、エクレアなど多彩な洋菓子が作られるようになり、文明開化の下で多くの日本人を魅了するようになっていく。

corporate data

1895（明治28）年創業。売上高は2017年8月期で61億円、従業員は139人。静岡県発祥の近代的な氷砂糖づくりを、福井浅吉が愛知県一宮市で学び、同市に福井商店（現・中日本氷糖）を開業。1958年に本社を名古屋市中川区に移し、77年には生産拠点として岐阜県海津市に南濃工場を建設した。「ロック」と呼ばれる形がふぞろいな氷砂糖では9割、「クリスタル」という十六面体の氷砂糖は5割のシェアを誇る。

4 story

峰澤鋼機
(現MINEZAWA)

女3代。
陰に日なたに

「苦しい時こそ
自分たちだけ幸せでは
駄目」

女性たちに支えられてきた会社が、愛知県岡崎市にある。今年で創業百五十年の工具や機器を扱う専門商社「峰澤《みねざわ》鋼機」。明治から平成へと移ろいゆく激動の時代に、陰となり日なたとなり、奮闘した女三代の物語――。

明治末期。鍬《くわ》や鋤《すき》、包丁が所狭しと並ぶ。小さな金物屋の店内を、きゃしゃな着物姿の女が、あくせくと駆け回っていた。「峰澤商店」の三代目の妻、峰澤のゑ（一九五一年没）だ。

当主の夫は、得意先を広げるため、大八車に商品を山積みにし、岐阜や長野まで営業先を広げ、駆けずり回る日々。その留守を守り、店を一手に切り盛りしたのが、のゑだった。帳簿の数字をにらみながら、二十人近い従業員たちに大声でげきを飛ばす。閉店後は、住み込みの従業員や家族の夕食に取り掛かった。休む暇などなかった。

「口八丁手八丁のやり手」と今に伝わるのゑの手腕。「岡崎の女傑」。いつしか地元の人らは、尊敬を込め、こう呼ぶようになる。

その「系譜」は、長女、志づ（六三年没）に受け継がれる。志づには、社内の語り草がある。

一九五九（昭和三十四）年に中部地方を襲った伊勢湾台風。岡崎市でも千戸近い家屋が全壊し、峰澤が扱う鋼材や針金、ネジは欠かせない復興資材となった。

そんな時、市内の大手企業の従業員がトラックや大八車で店に乗り付けた。「倉庫の品をすべて買い取る！」。自社の再建のために必要だと迫った。もちろん売れば利益を生む。だが、志づは首を縦に振らない。「お宅にすべて売れば、隣近所が困ってしまう」。こう断り、周囲の被災者らにも家の修復などに使う資材を格安で譲り渡した。

これ以前にも戦時の空襲で近所が焼けた際、同じように市民を救った志づ。後年、周囲に語っている。「苦しい時こそ自分たちだけ幸せでは駄目。困っている人をなんとかしたかった」

志づの長女、節子（89）は昭和が終わりに近づいた八七年、社長に就任した。五代目の夫や幹部を病気で相次いで亡くした後の緊急登板。主婦の節子は、仕事の経験すらなかった。長男で現社長の彰宏（54）も大学を卒業したばかり。「峰澤は危ない」。同業者のうわさになった。

だが、「息子が三十歳になるまでは」と引き受けると、経営感覚の鋭さは祖母や母親譲りだった。「何で売り上げが下がっているのか」。会議で社員を叱りつけることもあった。「家業を守る」覚悟だった。三河の老舗らしい手堅い経営で、彰宏にバトンを渡すまで会社の体力を蓄えた。

明治期に男らを引っ張ったのゑ。こまやかな気遣いで信用を得た志づ。そして、堅実に社業を支えた節子。彰宏は言う。「強い女性たちが、会社の歴史をつないでくれた」

近年、少子高齢化や人手不足で、かつて「男職場」だったものづくりの現場にも女性たちが次々と進出するようになった。だが、彼女たちが使うのは重くて力が要る工具ばかり。「女性が使いやすい軽いものはないか」。地元の自動車関連企業に工具を納入する峰澤に、取引先から相談が相次ぐ。

彰宏らは、そんな切実な声に応えようと動きだしている。社外向けに工房を設け、二年前からは、日曜大工が趣味の女性グループに開放。工具を手に取ってもらい、生の声を聞き、製品の改良に生かす試みだ。「女性へのささやかな恩返しです」と語る彰宏。女たちが紡いだ歳月の重みが会社に息づいている。

［扉写真］写真に納まる、のゑ（右端）、志づ（左から3人目）、節子（左端）＝MINEZAWA提供

明治
こんな時代だった
「女性」

明治時代は強い「家」意識に基づく良妻賢母主義が根強く、女性の活躍は文学界などを中心にごく一部にとどまった。

ＮＨＫの連続テレビ小説「あさが来た」のモデルとなった広岡浅子（１８４９〜１９１９年）は、嫁ぎ先の商家の再建のため、炭鉱業に参入した。ピストルをしのばせて鉱山に自ら乗り込み、労働者を指揮。銀行や紡績業にも参入し、代表的な女性経営者となった。平塚らいてう（１８８６〜１９７１年）は、広岡らが設立した日本女子大に学んだ後、１９１１年に与謝野晶子らと文芸誌「青鞜《せいとう》」を創刊。婦人問題を取り上げ、大正期以降、女性の参政権獲得に向け、運動の先駆者となった。

男性の参政権が１８８９年以降、次第に拡大していった一方で、女性は、終戦後の１９４５年まで認められなかった。

corporate data

１８６８（明治元）年に峰澤商店として創業。１００周年に峰澤鋼機に改称。２０１７年7月期の売上高は９７億円、従業員は１２１人。農機具や金物販売に始まった。トヨタ自動車が１９３７年、愛知県豊田市に挙母工場（現・本社工場）を建設した際、起工式にスコップなどを納入した。トヨタなど自動車向けが売り上げの６割強を占める。海外4カ国にも進出。１５０周年を機に社名を「ＭＩＮＥＺＡＷＡ」に改める。本社は同県岡崎市。

5 story 一柳葬具総本店

「心は『形』に表れる。道具を大切にするから、丁重に弔える」

異端児。
車社会に着目

「ハイカラさん」と呼ばれた男がいる。明治から大正に生きた、葬儀店の当主。職業柄に似つかわしくない、この名の持ち主こそ、一柳葬具店（当時）の二代目、一柳随吉《ずいきち》（一八八二〜一九二三年）だ。業界の異端児と言っていい。

一枚の写真が残る。

一九一二（明治四十五）年五月。当時二十九歳の随吉は港町、横浜にいた。ハイカラの語源となった高襟シャツにベストとジャケット姿の洒落《しゃれ》た装い。アメリカからの帰国直後、自身をカメラに収めたのだ。

海の向こうで何を見たのか。旅の目的は今、知る術《すべ》はない。だが、極東の島国の青年が受けた衝撃の大きさは想像に難くない。

十年後。家業を継いだ随吉は、世間をあっと驚かせる葬儀をやってのけることになる。

二二（大正十一）年二月、名古屋市の真宗大谷派名古屋別院で営まれた名鉄社長、神野金之助の葬儀。一台の車が入ってきた。花輪を付け、黒光りしたアメリカ車。棺《ひつぎ》を乗せ、参列者の間を悠然と走り抜けた。

「業界初」の座は、ほんのわずかな差で大阪の業者に明け渡すが、「霊きゅう車」の先駆けとなった。随吉が渡米したのは自動車大衆化の象徴T型フォードが登場し、モータリゼーションが進んでいた時代。その姿に触れ、葬儀に新しい風を吹き込んだのだった。

随吉には思惑があった。

「時間と経費の節約には自動車の御利用に限る」―。随吉は、こんなうたい文句で、中日新聞の前身「新愛知」に広告を打つ。当時、名士の葬儀では大勢の参列者が葬列を作り、街を練り歩いていたが、派手さに批判も出ていた。随吉はそこに目を付けた。

「日本のモータリゼーションの幕開けと葬列の衰退。車の導入は、そのような動きを巧みにとらえた」。葬儀事情に詳しいジャーナリスト、碑文谷創《ひもんやはじめ》（71）も随吉の先見に舌を巻く。

一柳葬具総本店には、随吉がもたらした革新性とともに、大切にする伝統がある。社名にもある「葬具」への強いこだわりだ。

一柳は、宮大工だった幾三郎《いくさぶろう》（一八五五～一九二三年）が一八七七（明治十）年に創業。おけ屋が棺おけを作っていた時代に葬具一式を取りそろえて、葬儀業に乗り出した。

三代目の稔《みのる》（一九〇七～一九八五年）は祭壇にこだわった。「正しい葬祭具を提供することが、私の使命」。京都や奈良の寺、神社を巡り、祭壇の構造や彫刻を考案。簡素だった祭壇を、美しい彫刻を施したひな壇に変えた。祭壇や葬祭具は、宗教や宗派に合わせて自前で一から作り上げた。今では、二百種類に及ぶ祭壇一式をそろえる。

だが、今、業界は激変し、名門、一柳にも逆風が吹く。近年、核家族化が進み、社会が変化する中で「葬儀にお金をかけたくない」と、考える人々が増えているためだ。日本消費者協会（東京都）によると、二〇〇三年に平均二百三十六万円だった葬儀費用は、今では百九十五万円に減った。

死生観や葬儀への考え方が変わりつつある現代。それでも、四代目鉄《はじめ》（82）は「いつの時代も弔う心は変わらない」と言う。

故人を悼み、故人を通して人と人がつながる大切な機会には、予算の多寡にかかわらず、気品高い葬具をしつらえる。これこそが、見送る人々の思いがこもった儀式になる、と信じる。
「心は『形』に表れる。道具を大切にしているからこそ、死者を丁重に弔うことができる」。一柳の時代への挑戦が始まっている。

名古屋で初めて登場した「霊きゅう車」
[扉写真]「ハイカラさん」と呼ばれた2代目一柳随吉＝いずれも一柳葬具総本店提供

**明治
こんな時代
だった**

「冠婚葬祭」

明治時代の結婚式は、花嫁行列が花婿の自宅に向かい、酒の杯を交わす「三三九度」を行い、祝宴を催すのが主流だった。

神前結婚式のルーツは１９００（明治３３）年の皇太子嘉仁《よしひと》親王（後の大正天皇）の婚礼とされる。翌０１年には、日比谷大神宮（現・東京大神宮）で、華族の子女らを対象に模擬神前結婚式があり、上流階級に次第に普及。大正末期から昭和にかけて一般にも広がった。

一方で、葬儀は自宅で納棺し、葬列を作る野辺送りが行われ、土葬がほとんどだった。実業家や名士の葬列は数百人を動員し、その派手さで力を示した。三菱財閥の創業者岩崎弥太郎の葬儀は葬列が１０００人規模、会葬者は３万人にのぼったとされる。西洋化政策の一環で白だった喪の色が黒に変わるのも明治時代からだ。

corporate data

１８７７（明治１０）年、宮大工だった一柳幾三郎が２１歳の時に創業。トヨタグループの始祖、豊田佐吉や、名古屋の有力な財界人、奥田正香らの葬儀を執り行った。葬儀と告別式を分離するスタイルや社葬を確立した功績もある。葬具のほか、生花も自前で用意する。昨年に創業１４０周年を迎えた。本社は名古屋市中区栄３。

6 story 松本義肢製作所

没頭した。
理想を求め

「体の一部になる義足。
彼らの幸せをかなえる
手助けをしたい」

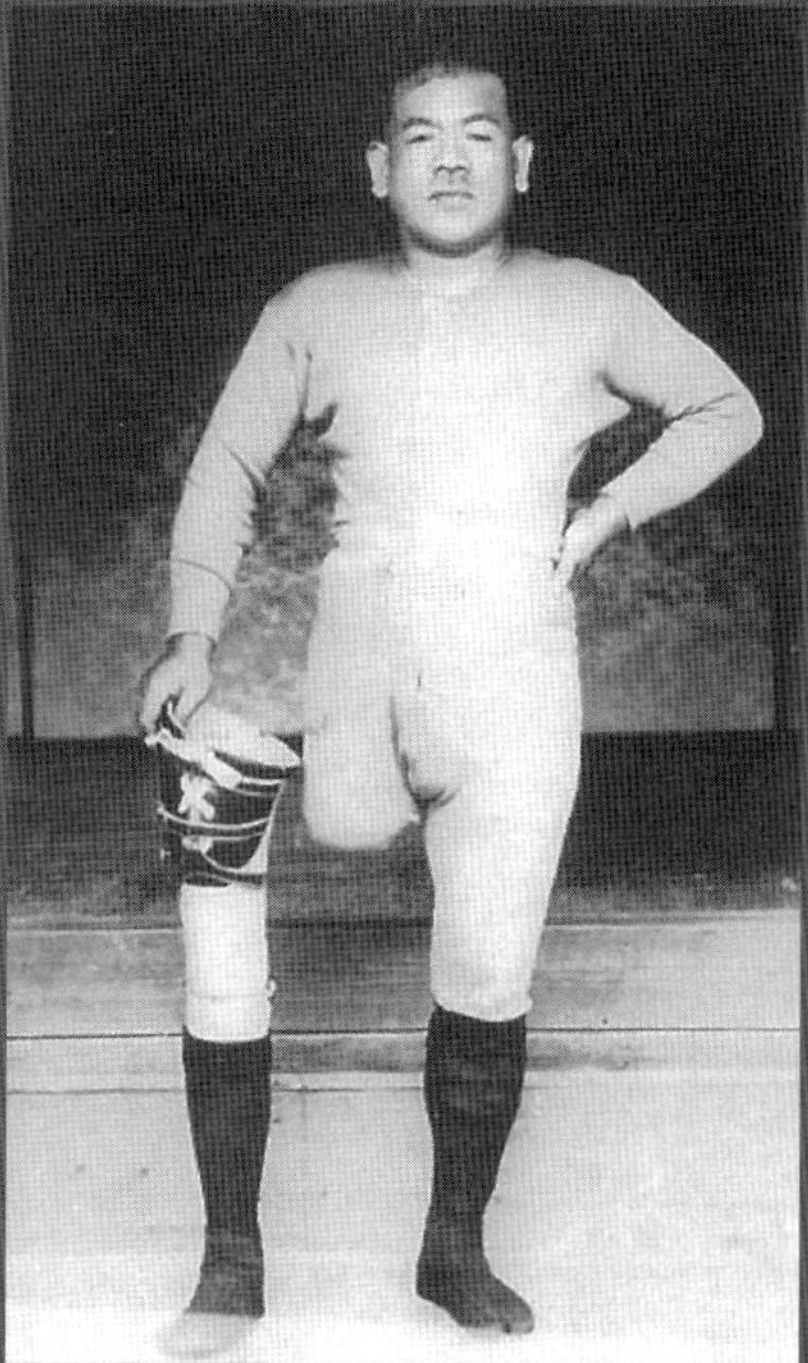

真っ白な砂浜が続くブラジル・リオデジャネイロのコパカバーナ海岸。右脚に「J」の形をした義足を着けた秦由加子（36）＝千葉県市原市＝は最後の力を絞り、ストライドを伸ばした。

二〇一六年パラリンピックの女子トライアスロン。水泳七百五十㍍、自転車二十二㌔㍍、長距離走五㌔㍍をこなす過酷な鉄人レース。秦は初出場で、六位に入賞し、世界最高峰の舞台に立つ感動を味わった。

秦の義足を作ったのは「松本義肢製作所」のベテラン技術者、橋場義浩（49）。「言葉にできない感覚を形にしてくれる」。秦もその技術に全幅の信頼を置く。

一般の義足を手掛けてきた松本義肢がスポーツ分野に進出したのは十年ほど前。競技用は、太ももを収めるソケットの製作に「職人」の技と勘が欠かせない。走行中、切断面にかかる負荷は体重の五倍。さらに、力が入ると筋肉がより太く膨らむ。「選手の体はすごく繊細。細心の注意が必要だ」と、橋場。やすりで一㍉以下の調整を重ねる緻密で地道な作業を続ける。

松本義肢が培ってきた高い技術と経験。その原点は、創業者の松本豊治《とよじ》だ。

一八八一（明治十四）年、愛知県沓掛《くつかけ》村（現・瀬戸市）に生まれた豊治。十七歳で原因不明の病になり、右脚の切断を余儀なくされた。「障害者への理解がない時代。大きなハンディに苦しんだだろう」。四代目社長の芳樹（56）は思いやる。

そんな息子に父親が買い与えたのが、高価な米国製の義足。欧米人向けで、膝の曲がる角度が浅く、正座ができないため、日本人には不便だった。それでも失った脚の代わりとなってくれたこの初めての義足を生涯大切にしたという。

義足に出会った豊治は、その製作に情熱を傾けるようになる。

一九〇五（明治三十八）年、中部初の義足メーカーを名古屋市に開業。「日本人に合う義足を国産化し、より多くの障害がある人たちに届けたいとの思いだった」。芳樹は創業者の熱意を代弁する。豊治の「技術屋」ぶりを表すエピソードがある。

自宅で何度も長女を歩かせたという豊治。足の運び方や体重移動の微妙なバランス…。細部まで観察を繰り返し、研究に没頭した。全ては理想的な義足を探求するためだった。この、ものづくりに向き合う真剣な姿勢が「技術の松本」との評判を高めていく。

松本義肢はその後、医療機関と協力して、コルセットや歩行補助器などの商品を開発。近年では健康靴や介護用品の販売も手掛けるメーカーに成長した。

豊治がそうだったように、義足は、時に人生さえも動かす。リオで躍動し、二年後のパラリンピック東京大会を目指す秦もその一人だ。

秦は骨肉腫で十三歳の時に右脚を切断した。得意だった水泳で二〇一二年のロンドン大会を目指したが、記録が伸びず落選。気分転換に赴いた都内の競技場で初めてスポーツ用の義足を着けて、走ってみた。

「飛んでる！」。たった三歩。だが、十八年ぶりに思い出す「風を切る」感覚だった。「走るってこんなに気持ちいいんだ」。泳ぎも、走る楽しさも味わえるトライアスロンにすぐに転向した。

一方、「私たちは黒子」と言う橋場。秦らアスリートたちを全面的に支える。「体の一部になる義足。彼らの幸せをかなえる手助けをしたい」

はるか明治期に、豊治が始めた挑戦。そして紡がれた、その思いと技は、今なお、「現場」に生き続けている。

スポーツ用の義肢を調整する橋場義浩＝愛知県小牧市の松本義肢製作所で

[扉写真]松本義肢製作所の創業者松本豊治＝同社提供

明治 こんな時代だった

「障害者と福祉」

明治政府は1874（明治7）年に「恤救規則《じゅっきゅう》」を制定し、貧困者や病人とともに障害者を対象に、最低限の米代を支給した。しかし、政府からの恩恵という側面が強く、原則として障害者の生活を助けるのは家族や民間の慈善家の仕事とされ、社会参加を促す福祉の視点はほとんどなかった。

明治期の日清戦争、日露戦争で多くの傷痍《しょうい》軍人が生まれ、軍人だけは障害者対策が進んだ。政府は1917（大正6）年に軍事救護法を制定。松本義肢製作所などの義手義足メーカーを指定し、国費の義足支給を始めた。

身体障害者福祉法などの軍人以外も含めた法律が整備されるのは、日本国憲法が施行された後となった。

corporate data

1905(明治38)年創業。売上高は、2017年9月期で35億円、従業員(パート含む)は267人。松本豊治が「松本義手義足製作所」を立ち上げ、1960年に現在の社名に改称。創業以来、名古屋市東区に本社を置いたが、2007年に愛知県小牧市に本社を移転した。主力商品は義足とコルセット。

7 story おぼろタオル

100年後も喜ばせたい。

「使い手に最高のタオルを追求しなければ、おぼろタオルやない」

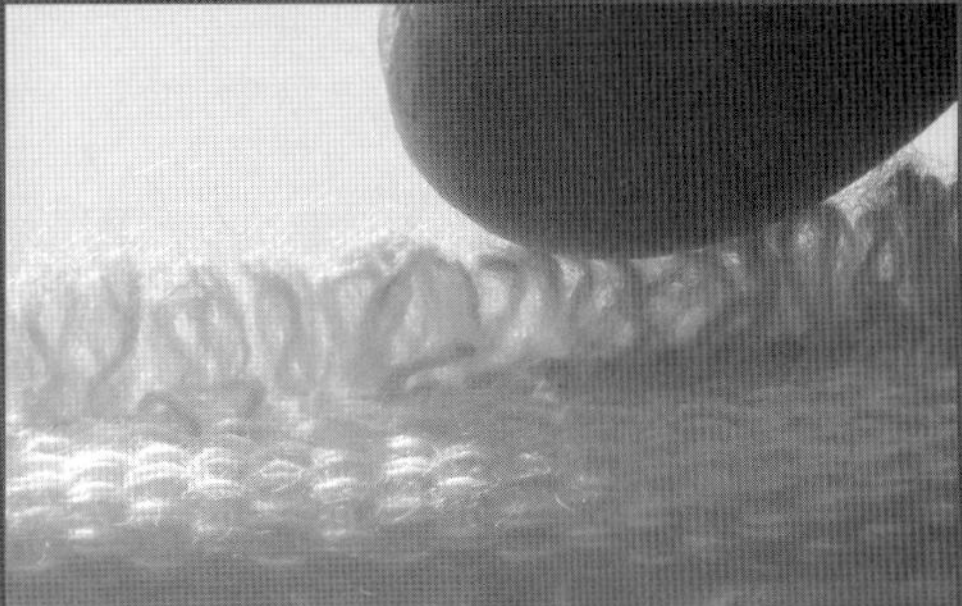

大正末期、足しげく花街に通う男がいた。

津市で一九〇八（明治四十一）年からタオル製造事業に乗り出していた、森田庄三郎（一八七六〜一九五一年）。かつて日本画家だったという異色の経歴を持つ若き起業家だった。

森田はこの頃既に社名の由来になる「朧染《おぼろぞめ》タオル」を開発していた。縦糸と横糸を織り込むタオルは当時、無地ばかり。芸術家肌の森田にはそれが「味気ない」と映った。研究を重ね、横糸だけを染色することに成功。白の縦糸と重なることで、水墨画のように絵柄が淡く、おぼろげに浮かぶ。当時の日本人が見たこともないタオルだった。

業界に新風を吹き込んだ男が、視察先の全国各地の花街で何を見つめていたのか―。酒肴《しゅこう》や色だけではない。「女性に愛されるタオルを」。そんな思いから開発のヒントを探ろうとしていたのだった。

ある日、森田の目にふと留まったのは、芸者たちがおしろいを落とすために使う医療用ガーゼだった。聞けば、肌触りは悪くないが、水気を吸わず使いづらい、という。「片面はガーゼのままで、もう一面を吸水性のよいタオル地にすればいい」。このひらめきが、社の屋台骨を支える看板商品となる「おぼろガーゼタオル」を生むことになる。

庄三郎の発想力と探究心が生んだタオルは「扱わない問屋はない」と、名声を得ていく。一九二七年に売り出すと、全国の百貨店や旧満州（中国東北部）にまで販路を広げた。

戦後も贈答用として売れ続けたが、平成に入り、社業は曲がり角を迎える。

九〇年代初頭、バブル景気が崩壊すると、高級路線だった同社を直撃。市場は安価な中国産に取って代わられた。売り上げは最盛期の三分の一に。追い打ちを掛けるように大手の卸問屋が倒産し、倉庫には四、五カ月分の在庫が積み上がった。資金繰りは行き詰まろうとしていた。二〇〇五年に五代目社長に就いた加藤勘次(63)。タオル製造から撤退し、副業の不動産事業に注力することも覚悟した。

一方で、光も差しつつあった。愛媛県今治市のタオルなどの国産が注目され始めていた。高くても質の良い商品なら受け入れてくれる余地があるとみた加藤。悩んだ末、新商品の開発にかじを切る。賭けだった。

「ものづくり企業の誇りを取り戻したかった」

目指したのは、ふんわり軽いのに、ボリューム感のあるタオル。かつて創業者が完成させたような時代の先を行く商品だった。

使うのは業界で技術的に困難とされた〇・一ミリの極細の糸。それを丹念に編み込み、特殊な薬剤を入れた釜で熱することでふんわりさせようとした。だが、現実は想定通りにはいかない。薬剤が全体に浸透せず、むらが生じた。薬剤の量なのか、煮る時間か、温度か。答えの出ない日々。「あきらめるわけにはあかん」。開発担当の竹谷尚文(53)は微調整を繰り返した。

そして一七年初め、ついに完成する。開発を始めてから二年がたっていた。「百年の技術を結集し、次の百年に続く商品に」。この願いを込め、「おぼろ百年の極《きわみ》」(バスタオル　税別四千円)と名付けた。

「庄三郎を突き動かしたのは『お客さんを喜ばせたい』との思い。今の時代も使い手に最高のタオルを追求しなければ、おぼろタオルやない」。庄三郎のひ孫で、営業部長の森田壮《つよし》(39)は言う。創業者の遺伝子は今も熱く宿っている。

[左写真]製品のタオルを仕上げる大正初期の従業員ら=津市のおぼろタオルで

[右写真]創業者森田庄三郎=いずれも同社提供

[扉写真]心地良い肌触りを追求したおぼろタオル「百年の極」の繊維

明治
こんな時代
だった

「生活雑貨」

文明開化とともに西洋の生活用品の輸入も増加。日本流に改良しながら庶民の暮らしに定着していった。

日本にタオルが登場したのは1872（明治5）年。英国から輸入され、襟巻きのようなファッション用品として人気になった。1900年ごろから国内生産も増え、生活用品として使われるように。三重県内や愛媛・今治、大阪・泉州が三大産地になった。

また、石油の輸入も本格化し、ランプが一般家庭に広まった。あんどんよりも明るく、農家の夜なべ仕事もはかどるように。火おこしの道具も火打ち石からマッチに変わった。

1888年には日本初の練り歯磨き粉が発売。かけそば25杯分の25銭と高額だったため富裕層が使った。

corporate data

創業は1908（明治41）年。従業員は62人で、年間の売上高は6億7400万円（2017年9月期）。1918（大正7）年に「朧浴巾商会《おぼろよっきん》」として法人化し、26（大正15）年に現在の社名になった。分業体制が一般的なタオルメーカーの中で、生地を織る工程から染色、仕上げまでを自社工場で一貫して行う。本社は津市。

8 story

丸川製菓

「子ども相手の土俵は、絶対に譲れない」

焼け野原。
膨らんだ夢

十三歳の天才少女、美空ひばりが歌う「東京キッド」の軽やかな旋律が街に響いていた。

♪　右のポッケにゃ夢がある。左のポッケにゃチュウインガム――。

まだ戦争の傷痕が残る日本で子どもたちの希望の象徴になったのが、かつての敵国からやってきたガムやチョコレートだった。

焼け跡の名古屋。進駐軍が噛《か》んでいたガムを見て、活路を見いだした男がいた。明治期からげんこつあめなどを作っていた菓子屋の三代目、川島好雄（一九一四〜二〇〇四年）だった。

物価が今の四十分の一程度だった一九四六（昭和二十一）年。好雄は全財産十三万円の大半をつぎ込み、家業の大転換を決断する。

砂糖の取引が禁じられ、甘味が貴重だった時代。当時のガムは人工甘味料で甘みを付けていた。噛んでもなくならず、口寂しい子どもの欲求を満たす。風船を作って遊ぶ楽しみもあった。そんな新しい菓子に商機がある、と思えた。

読み通り、ガム市場は膨れ上がる。終戦二年後には全国のガム業者は数百社に急増。終戦五年後に美空が歌ったようにガムは時代の風を捉えたのだった。

だが乱立した業者はすぐに淘汰《とうた》の時代に。分かれ目は風船の出来具合だった。松やにの微妙な加減で膨らみやすくも、歯にくっつきやすくもなる。早くに配合に成功していた丸川製菓は競争に勝ち残る。昭和三十年代前半には「マルカワのガム」と書かれた宣伝車が全国を走るまでになった。

「会長（好雄）の研究心が勝負を決めた」。同社顧問の鈴木善幸（71）は先輩が口にしていた逸話を今も思い出す。

就寝時、いつも好雄の枕元にあったのはメモ帳とペン。アイデアが浮かべばすぐに書き留めるためだった。さらに気になれば、夜中でも自宅兼会社の敷地内にあった寮の社員らを起こし、実験を繰返した。製造機械も自社製にこだわり、後に丸川の代名詞となる、玉形のガム製造にも早くから取り組んだ。

好雄のガムへの情熱を示す記録が、業界紙「食品産業新報」にも残る。好雄が亡くなった二〇〇四年、旧知の記者が追悼記事の中で、こう記した。

「好雄氏は好んで他社の製品を食べた。（中略）『ガムでもないのに─』という筆者に（中略）『味なのか形なのか、デザインなのか売れる理由を見極めることはガムを造る上で参考になるからネ』」

一九四七年に初めて売り出した板ガムは子どもでも手が出るよう「一円」。研究心の源は「子どもも買える良い物を」との思いだった。

その気概は、今も続く。主力の小さな箱に玉の形をした風船ガムが四つ入った「マーブル」は、四十年以上、変わらず「十円」だ。

現代は少子化に加え、飽食の時代。業界全体の小売額は二〇〇四年の千八百八十一億円をピークに一六年には千五十八億円に縮小し、丸川の売り上げも落ちた。

駄菓子屋が減り、コンビニなど卸先は多様化。それぞれの要望への対応を迫られる。海外輸出や大人向けの商品開発にも力を入れ、新たな市場も開拓する。

だが、そんな苦境にも丸川の軸足はぶれない。好雄の孫で代表取締役の田中依子（44）は言う。「うちのガムを世界の共通体験にしたい。子ども相手の土俵は、絶対に譲れない」。大人になっても誰もが懐かしむ味。これからも変わらず守り抜いていく。

[左写真]今も昔も子どもの人気を集める「マーブルガム」=名古屋市北区の駄菓子屋たまで
[右写真]1984年当時、会長だった川島好雄
[扉写真]昭和30年代に青森県内を走っていた宣伝車=いずれも丸川製菓提供

明治 こんな時代だった
「駄菓子」

安価な黒糖を使った子ども相手の安い菓子は江戸時代後期に登場。当時は「一文菓子屋」などと呼ばれていたが、『駄菓子屋・読み物と子どもの近代』(加藤理著・青弓社刊)によると、20世紀になって間もない明治の終わり頃から「駄菓子屋」という名称が定着し始めた。

1900年前後の駄菓子屋に並んでいたのは、おこし、コンペイトー、かりんとう、いもようかん、塩せんべいなど。今では地方銘菓と言われるようなものも多い。それぞれ1、2銭ほどで、利益も1、2割しかない小さな商売だった。

1893(明治26)年には、作家樋口一葉も東京で駄菓子屋を開業。店に集まる子どもたちの様子は「たけくらべ」の材料にもなった。

corporate data

1888(明治21)年、げんこつあめ製造販売業として創業。1948(昭和23)年に丸川製菓を設立し、ガムが主力商品になった。従業員は133人。海外輸出にも取り組み、現在はサウジアラビアやブラジルなど25カ国に出荷している。本社、名古屋市西区。

9 story KAIグループ

野鍛冶魂
いつまでも

「関の刃物屋らしく、
誠実に、堅実に、細やかに、
刃物を突き詰める」

プレス機や研磨機が並ぶ岐阜県関市の工場。技術者たちが目を血走らせていた。「時間がない。何とかしないと」

一九九八年一月。連日、泊まり込み作業が続いていた。彼らの腕に、明治期から培ってきた「貝印」ブランドの誇りと、社運が託されていた。

技術者たちが挑んだ世界初のT字形の三枚刃カミソリ「K―3」。その開発は困難を極めていた。米国の大手、ジレットも開発に着手したとの情報ももたらされた。開発チームに重圧がのしかかっていた。

貝印には苦い過去がある。

九五年に売り出した二枚刃カミソリだ。「後発」だったため価格を安く設定したが、出遅れは否めず、結果、市場からはじき出された。だからこそ、今回は何としても「世界初」のインパクトが必要だった。

その年、社内に三枚刃の開発プロジェクトが本格始動する。中心となったのは数人の技術者ら。チームを率いたのは、当時、製品開発室長だった宮崎宏明（59）だった。参考例すらない未知への挑戦。

「ライバルには負けたくない。だが、全く想定通りには進まなかった…」。宮崎は述懐する。

求められたのは、これまでにない高度な技術だ。縦幅一㌢のカミソリに小さな三枚の刃を収納しなければならず、刃間の距離や角度もそり味の重要な鍵だった。○・○五㍉単位で刃間や角度を調整するなど試行錯誤の連続。量産用の製造機械も一から設計を見直した。

「切れ味は五感だ」。宮崎は言う。これまでも利用者のために使い心地には徹底的にこだわってきた。それだけに妥協するわけにはいかない。試作を繰り返し、試しぞりは社外の人も含め、延べ一万人を超えた。

九八年三月、ついに「K―3」は完成する。驚くほど滑らかなそり心地なのに深ぞりできるカミソリ。生産が追いつかないほどのヒット商品となった。

技術者たちに刻まれる「野鍛冶の精神」。使い手の細かな要望に応え、あらゆる金物を作る市井の鍛冶屋たれ―。創業以来の心意気だ。

ポケットナイフを作る職人として、一九〇八（明治四十一）年に家業を興した初代、遠藤斉治朗（一八八八～一九五八年）。貧乏から抜け出そうと、周囲に「一年五百日働いてござる」と言われるほどだったと伝わる。輸入物ばかりだったカミソリ替え刃に目を付け、初の国産化に乗りだし、「フェザー」ブランドで事業を軌道に乗せた。

「日本のカミソリ王」と呼ばれた、二代目斉治朗（一九二五～八九年）は、貝印の名を世界にとどろかせた。五一年に使い捨てカミソリ製造に乗り出した、斉治朗。当時、使い捨ては切れ味が悪い粗悪品ばかりだった。「良い製品を作れば必ず売れる」。そう確信し、発売すると、実に日本の市場の七割を席巻。爆発的に売れた。

「貝印なら作れるんじゃないの」。医療用メスもそんな顧客の依頼がきっかけで、作り始め、今や収益の柱の一つに成長した。

受け継がれる精神。三代目社長の遠藤宏治（62）の言葉は力強い。「関の刃物屋らしく、誠実に、堅実に、細やかに、刃物を突き詰める。われわれが野鍛冶になり、使い手に応えていく」。ごく薄い刃物一枚一枚に、関鍛冶の技と信念が宿っている。

1935年ごろの作業場の様子＝KAIグループ提供

［扉写真］宮崎宏明らが中心となって開発した、世界初の3枚刃カミソリ「K―3」＝岐阜県関市で

明治
こんな時代
だった

「刃物」

明治政府は１８７６（明治９）年に廃刀令を発布。江戸期まで武士の刀を作っていた岐阜県関市など全国の刀鍛冶は打撃を受け、包丁やはさみなど家庭用刃物製造に転業した。

一方で、フォークやナイフなど西洋刃物も広まっていく。８８年には関の刃物職人、福地廣右衛門が初の国産ポケットナイフを開発し、９１年ごろから量産化が進んだ。明治後期には輸入品の安全カミソリが普及した。

西洋医学の普及で外科治療が導入され、医療用メスの製造も進んだ。切れ味を保つためには技術が必要で、当時は専門の職人が包丁のように研いでいた。

corporate data

１９０８（明治４１）年、初代遠藤斉治朗が岐阜県関市に創業。８８年に関連の製造、販売会社を統合し、ＫＡＩグループとなった。カミソリ、包丁、はさみ、医療用メスなど計1万点を展開する。アジア、欧米に１２の海外拠点も持ち、従業員数は３３４１人。売上高は４６５億円（２０１７年3月期）。本社は東京都千代田区。

10 story

鶴弥

「規格外」。かみ合った

「古い物、固定観念に縛られるな」

紀伊半島に上陸した台風7号が近畿や東海地方を襲った。一九九八年九月二十二日のことだ。「10人死亡　4人不明」「交通網全面マヒ」―。翌日の朝刊はその猛威を伝えていた。瓦大手「鶴弥」では大勢の社員が被災地に飛んだ。取引先などから剥がれた瓦の修復依頼が立て続けに舞い込んでいた。

後日、営業担当者が、住宅メーカーに呼ばれた。「絶対に瓦を飛ばすな」。厳しい言葉をぶつけられた。当時、瓦の施工は飛ばないように屋根にくぎを打ち付け補強していたが、暴風に強いとはいえなかった。翌日、その営業担当から、同世代の若手技術者だった、伊東伸道（53）に電話が入る。「相談があるんですけど…」。電話口から重苦しい声が聞こえた。

「難しいな」。伊東は、彼の提案にこう思った。瓦に突起状のフックを付け、瓦同士をかみ合わせ、強度を高めたい―。業界の常識では考えられない発想だった。

営業担当は、幹部が集まる企画会議に設計図を手にこの案を諮る。だが、浴びせられたのは罵声に近い言葉だった。「そんな瓦が作れるか」「常識外れだ」「絶対できない」

会議後、やりとりを聞いた伊東。「むかついた」。技術屋魂に火が付いた。

この頃、既に業界トップメーカーだった鶴弥。主力は和瓦だった。だが、洋風建築が人気になり、平板の洋瓦が売り上げを伸ばしていた。和瓦にこだわる鶴弥は出遅れ、売り上げは下がり続けていた。「大丈夫か」。若手の間で危機感が漂っていた。その最中に襲った台風。だが、伊東の目にはピンチをチャンスに変える好機と映った。

旧知の鉄工所に頼み込み、プレス用の金型の製作を始める。休止していた本社工場のプレス機も改造して取り組んだ。上司に許可は取っていなかったが、その熱意に異議をはさむ社員はいなかった。翌春、試作品の洋瓦が完成。営業担当は、再び企画会議に持ち込む直前、ある人物の部屋に向かった。三代目社長の鶴見栄（一九三三〜二〇一二年）だった。

明治に創業した鶴弥。三州瓦の伝統メーカーがひしめく碧海《へきかい》地域で、「後発組」だった会社を戦後、上場企業にまで押し上げた、「中興の祖」。きつい、汚い、危険の「３Ｋ職場」と言われた労働環境の改善にも尽くし、社員の誰もがその魅力にほれ込んでいた。

幅二・八𠮷《チセン》、高さ一・八𠮷《チセン》の突起が付いた洋瓦。それを見た栄はひと言。「これはいい。すぐに全社挙げてやりなさい」。鶴の一声で大方針が固まった。

そして、あの台風から一年後。「防災瓦」と銘打った洋瓦が世に出る。風に対する強度が格段に上がり、瓦同士ががっちり組み合うため、地震での落下被害も抑えられる画期的な商品だった。販売も伸び、逆境にあった会社を救った。

「難しい山だからこそ登りたかった」。技術部門の課長となった伊東は言う。だが一方で瓦市場は年々、縮んでいく現実もある。「われわれがやった事は過去。歩みを止めてはだめだ」

鶴弥は今、瓦用の粘土で作る新しい壁材の販売にも乗り出す。手掛けるのが、四代目の社長、鶴見哲《さとる》（51）だ。「『古い物、固定観念に縛られるな』。そう先代から教わった。老舗とは思っていない」。瓦の未来を担う覚悟でいる。

表面にフックがある防災瓦を紹介する開発者の伊東伸道＝愛知県阿久比町の鶴弥阿久比工場で

[扉写真]愛知県碧海地区では三州瓦工場が軒を連ねていた。写真は、大正から昭和初期にかけての高浜市内（高浜市立郷土資料館所蔵）

明治 こんな時代だった 「瓦」

瓦は、飛鳥時代に朝鮮半島の百済からもたらされた、とされる。寺社を中心に使われるようになり、安土桃山時代からは城や武家の屋敷に利用された。江戸期には財力のある商家や民家にも広がった。

『日本の瓦屋根』（玉置豊次郎監修、坪井利弘著・理工学社刊）によると、全国に瓦が普及したのが明治期。既に江戸期には良質な粘土を産出し、船輸送に便利な愛知県三河地方や、兵庫県淡路地方などで生産地が形成されていた。明治になり、鉄道輸送の発達で都市部から周辺部へと利用が広がった。

明治初頭には、フランス人、アルフレッド・ジェラールが横浜で機械を備えた工場で洋瓦製造を開始。大正期には三河にも近代設備がある洋瓦工場ができた。

corporate data

1887（明治20）年、鶴見清治郎が愛知県刈谷市で創業し、三州瓦の製造を始めた。家内工業だったが、戦後、1968年に「鶴弥製瓦工場」を設立。83年に鶴弥に社名変更した。現在、半田市、阿久比町など4カ所の生産拠点がある。従業員421人。売上高は89億7500万円（2017年3月期）。本社は愛知県半田市。

11 story カゴメ（上）

「トマトは西洋野菜の代表。勉強が足りないだけ」

青臭い。ソースならば

日差しをたっぷり浴び、真っ赤に実ったトマトが輝く。日本から一万一千キロ離れたポルトガル、首都リスボン郊外。大西洋に注ぐ大河、テージョにほど近い四ヘクタールの試験農場に十二万本のトマトが育つ。カゴメが二〇一六年に設立した「アグリビジネス研究開発センター」。新品種の開発や栽培技術を研究する。所有する七千五百品種もの種子を交配し、毎年三百品種を育て、分析する。

トマトは世界で最も多く消費される野菜。世界人口の増加で、今後、年間百万トンペースで消費量が増えていくとみられる。それを下支えしようというのが、カゴメの狙いだ。

「業界に革命を起こすような、誰も見たことのない新しいトマトを作りたい」。センター代表の中田健吾（53）は夢を語る。

今やトマト加工品の売上高で世界三位に成長したカゴメ。その原点は、百二十年前。愛知県の小さな畑にさかのぼる。

一八九九（明治三十二）年。小高い丘のふもとに、田んぼや畑が広がる、知多郡荒尾村（現・東海市）。一人の青年が初めて実を付けたトマトを見つめていた。カゴメの創業者、蟹江一太郎（一八七五～一九七一年）。二十四歳の夏だった。

「米や麦ばかり作っていてはだめ。誰も手掛けない西洋野菜を作るべきだ」。兵役が終わる際、上官に勧められた一太郎。「多くの収穫を上げる手段があるなら敢然と挑むべきだ」。こう誓い、その春、手に入れた種子を手探りで育てた。

うまそうに育った実。だが、かぶりつくと青臭い味が広がった。「国が違うと人間の好みはこうも変わるんか…」。期待は一気にしぼんだ。

「これが売れるんか」。頭をよぎった不安は的中する。タマネギやキャベツと一緒にトマトを大八車に載せて名古屋へ出掛けたが、トマトだけは毎度、売れ残った。しかし、一太郎は前向きに栽培を続けた。「トマトは西洋野菜の代表。勉強が足りないだけ」

すると、先駆的な農業に取り組む青年に目をかけてくれる者も現れる。

名古屋・錦の洋食店「偕楽亭《かいらくてい》」の主人、梅澤角造もその一人だ。「今は売れなくても大事に育てるように」。背中を押され、翌年も作ったが、やはり売れ残った。畑で腐っていくトマトを前に愛知県農事試験場の技師の言葉を思い出す。「西洋人はソースにするらしい」

一太郎は名古屋で唯一の洋式ホテルだった「名古屋ホテル」で、海外産のソースを一瓶分けてもらった。口に運ぶと、調味料は一切入っていなかった。今でいうピューレ。あの青臭さは消え、口当たりもまろやかだった。

早速、ソース作りに取りかかる。まず鍋で煮て、こし器で裏ごしした。時間がたつと黒く酸化したため、鉄鍋からほうろう鍋に変えて試すと、鮮紅色となり、味、色、香りとも見違えた。一九〇三年、初の国産トマトソースが誕生した。

再び名古屋に持ち込むと「舶来品と遜色ない」。洋食店で評判を呼んだ。

この頃、角造の次男で同い年の岩吉を紹介された一太郎。この出会いが、後に「トマト王」と呼ばれることになる、青年の未来を動かしていく。

若かりし頃の蟹江一太郎（後列左）と家族＝カゴメ提供

［扉写真］赤く熟し、収穫を待つトマト。カゴメは今、生食用も栽培する＝福島県いわき市のいわき小名浜菜園で

明治 こんな時代だった 「洋野菜」

明治に入ると、横浜や神戸といった港町や東京、大阪の都市部で洋食店の開業が相次ぎ、キャベツやタマネギなど肉料理に合う洋野菜が普及。政府は外来作物の栽培を奨励し、輸入した農作物や種子を有志に分配した。明治の元勲、木戸孝允が出資し、文明開化の推進に寄与した新聞「新聞雑誌」には、洋野菜の栽培で大きな収益を上げた例が紹介されている（『近代日本食文化年表』）。

『物語　食の文化』（北岡正三郎著・中公新書）によると、トマトは17世紀後半に長崎に渡来したが、観賞用で食用にはならなかった。大正期にチキンライスやオムレツなどケチャップを使った洋食が庶民の間で人気に。食卓に生食のトマトが定着したのは、戦後からという。

corporate data

愛知県荒尾村（現・東海市）の農家、蟹江家の婿養子、一太郎がトマトの発芽を見た1899（明治32）年をもって創業としている。愛知トマトソース製造などをへて、1963年にカゴメと改称した。近年、加工品に加え、生食用トマトやベビーリーフを販売。品種開発から栽培、加工、販売まで一貫生産する。海外に31の子会社も持つ。従業員は2456人。売上高は連結で2142億1000万円（2017年12月期）。本社は名古屋市中区。

11 story

カゴメ（下）

「慣例を疑い、変えていくのが一太郎が残したDNA」

根付く哲学。熟さぬ夢

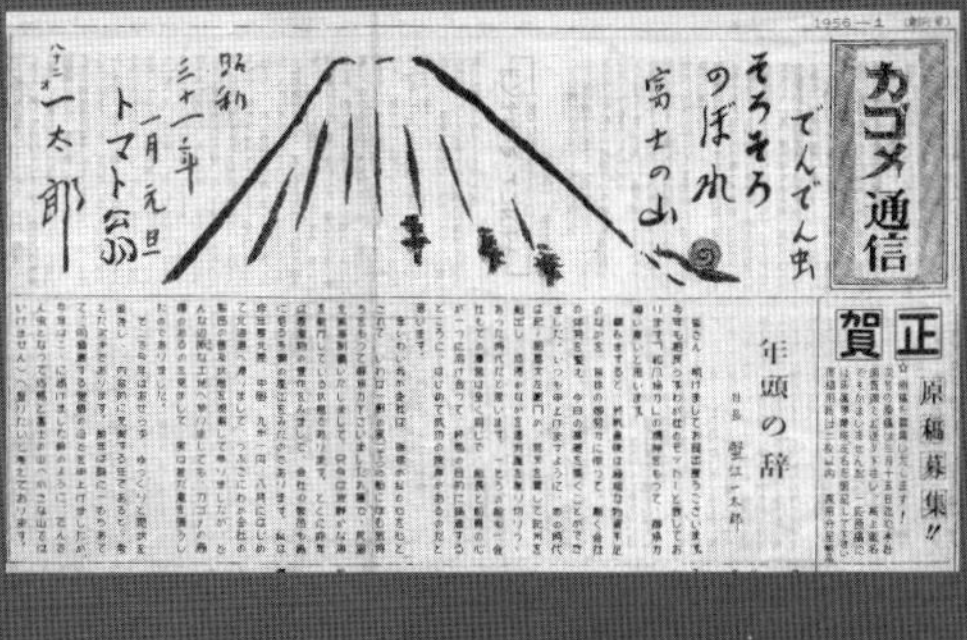
1956—1
カゴメ通信
でんでん虫
そろそろのぼれ
富士の山
昭和三十一年一月元旦
トマト公
八十二才 一太郎
賀正
原稿募集!!
年頭の辞
社長 蟹江一太郎

トマトソースの製造に成功したカゴメ創業者の蟹江一太郎（一八七五〜一九七一年）。販路を広げようとしていた時、出会ったのが名古屋・錦の洋食店「偕楽亭《かいらくてい》」の梅澤角造の次男岩吉だった。

横浜の英語学校を出て、名古屋に輸入食品問屋「梅澤岩吉商店」（後の梅澤、現・三井食品）を開業していた岩吉。「トマトソースは必ず伸びる」。将来性を見込み、販売を一手に引き受けてくれたのだ。同い年で、二人は実に馬が合った。

無二のパートナーを得て、一太郎は一九〇六年、自宅の敷地に加工工場を建設。その看板は岩吉が揮毫《きごう》した。そして、ソースに加え、ケチャップなどの製造にも乗り出す。

一太郎と岩吉の強い絆を示すエピソードがある。

大正初期にはトマトを生産する農家も出始め、生産過剰になり、加工業者も激増した。さらに、不況も相まって価格が暴落。ソースやケチャップの値は四分の一ほどになり、事業は存亡の機に立った。だが、岩吉は卸値を維持。一太郎は契約農家の買い取り価格も守ることができた。一時的に売り上げは落ちたが、逆に商品の信頼にもつながっていく。

この苦境を教訓に一太郎は一四年、地元の資産家らと「愛知トマトソース製造」を設立。家業から企業へと脱皮を図った。

カゴメと梅澤との蜜月関係は二〇一一年に梅澤が三井食品に吸収合併されるまで続く。一九五九年に梅澤に入社し、社長を務めた幸村伸彦（81）は、こう回顧する。『親戚の会社』と言われたほど。入社当時からカゴメのためならという意識はあった」

会社経営に乗り出した一太郎は、市場開拓に自らも奔走するようになる。見本のトマトソースなどの瓶を入れた布袋を肩に下げ、着流《きなが》しにげた履きの軽装で洋食店が集まる東京、横浜、大阪、神戸へと販路を拡大。会社設立四年で売上高は四倍になった。

設立三年後には会社のマークを商標登録。三角形を上下に組み合わせた六芒星《ろくぼうせい》を意識していたが、取引先の間で「トマトを収穫するかごの目に似ている」と評判となった。マークにはやがて「カゴメ印」の呼び名がつき、現社名の由来となった。

戦後はパン食や洋食が増え、カゴメの商品は一般家庭に定着していく。社長を退いた六二年には売上高は五十二億円、従業員数は千三百人を超えていた。

一太郎が小さな畑でトマトの発芽を見てから百二十年。九代目社長の寺田直行(63)が掲げるのは「トマトの会社から、野菜の会社に」とのビジョンだ。食と健康を担う企業への強い決意をにじませる寺田は言う。「これまでの慣例を疑い、変えていくのが一太郎が残したDNA(遺伝子)」

「でんでん虫　そろそろのぼれ　富士の山」

一太郎は晩年、こんな俳句を添えた水墨画を好んで描いた。何事も地道に努力すれば頂に達する―。トマトに身をささげた人生。その情熱と哲学は今に脈打ち、カゴメは一歩、また一歩と高みを目指している。

明治後期、蟹江一太郎がトマトソースづくりを始めた加工工場

[扉写真]蟹江一太郎が晩年に描いた水墨画。1956年、社内報の創刊号に掲載した=カゴメ提供

インタビュー01

令和の時代に100年企業の価値が見直されている。それはなぜなのか。シンクタンク「100年企業戦略研究所」(東京)の堀内勉所長(64)に聞きました。

100年企業戦略研究所 所長
堀内 勉
Tsutomu Horiuchi

長寿企業に興味を持ったきっかけは

私は出だしが銀行員で、証券会社や不動産会社でも働いた。資本主義の中心にいながら、バブルが膨らんで破綻して、また懲りずにもう一度膨らむ様を見て、次第に「資本主義は持続可能なのか」と疑問を持つようになった。ちょうど、国連も持続可能な開発目標（ＳＤＧｓ）を打ち出し、地球温暖化や南北格差といった問題を後回しにすれば、次の世代に確実にツケが回ってくるという意識が社会全体に高まってきた。

では、「持続可能な会社とは何か」と考えた時に思い浮かんだのが、長寿企業。単に長く続いているだけでなく、最近の経済用語でよく聞くパーパス（社会的な存在意義）がある長寿企業にこそ価値があると考える。近年、長寿企業に関する研究や書籍が増えているのも、同じ流れだ。

長寿企業の社会的な存在意義とは

酒やみそといった食品産業が典型的だが、まずは地域の雇用や経済を支えたり、生活に必要な商品を安定供給したりすることが挙げられる。それに加えて、例えば私が好きな福井県永平寺町の黒龍酒造（１８０４年創業）は九頭竜川のほとりに拠点施設を造り、地域観光にも貢献している。信頼を集める長寿企業ほど、地域への責任感が強まる例は多い。

また、長寿企業には非上場企業が多いので、市場の圧力に負けないという強みもある。食品製造大手のキユーピー（1919年創業）は上場しているが、初代の中島董一郎（愛知県西尾市出身）に由来する創業会社で食品販売企業の「中島董商店」は非上場。ワイン輸入などキユーピーが扱わない事業も展開して、うまくすみ分けている。

――成功例もあれば、廃業する長寿企業もある

その違いは、つまるところ経営者のマインドセット（思考様式）によると思っている。良い企業は、経営者が良い営業マンである場合が多い。日本酒を例に取ると、国内での消費量は減っているが、海外では日本食ブームと相まって日本酒の人気が急速に高まっている。日本食文化と絡めて発信している企業は伸びているが、残念ながら世界のトレンドを見られていない企業は廃れている。一方で、本当に強いのは、経営難から脱した長寿企業だと思う。

――その具体例は

私が住む長野県軽井沢町に本社を置く星野リゾート（1914年創業）が典型。今では「リゾート再生請負人」の異名を持つ星野佳路《よしはる》代表が先代から「戻ってきてほしい」と懇願された時、軽井沢で経営していた温泉旅館は危機的状況だったそう。もうすぐ100年

企業になるタクシー会社の日本交通（1928年創業）も、経営が傾いた時に外資系コンサル大手にいた川鍋一朗取締役が家業に戻った。自社を立て直しただけでなく、配車アプリ「GO」を導入するなどタクシー業界全体を改革する存在になっている。

良い長寿企業の家系は、得てしてその家訓に次世代の経営者を育てる仕組みがある。経済的に余裕のある家に生まれ、海外に出て学ぶ機会も多く得ているため、良い経営者になる可能性が高い。そうした経営者らが自社の経営だけでなく社会全体の問題にも真剣に向き合ったときに、世の中を変革する原動力になるのではと期待している。

PROFILE

堀内 勉（ほりうち・つとむ）

日本興業銀行、ゴールドマン・サックス証券、森ビル専務取締役CFO（最高財務責任者）などを経て、現在は多摩大（東京）の大学院教授兼サステナビリティ経営研究所長、ボルテックス取締役会長などを務める。著書に「読書大全 世界のビジネスリーダーが読んでいる経済・哲学・歴史・科学200冊」など。

12 story 東郷製作所

困った。だから作った

「現場を見て話を聞く。世間が何を求めているのか、と」

丘陵地にぽつぽつと集落が散らばる。明治後期の愛知県東郷村（現・東郷町）。齢《よわい》十四で家業の鍛冶屋を手伝い始めた相羽義一（一八九七～一九七二年）は農機具作りに精を出していた。この青年が後に世界的ばねメーカーへと変貌を遂げる礎を築くことになる。

当時、農家を悩ませていたのが作業効率の悪さだった。重労働な上、経済的に苦しむ人らも多かった。「困り事を解決したい」―。日々、農具の改良と試作を繰り返した義一。このひた向きさが「発明家」としての才能を開花させていく。

初のヒット商品は一九二一（大正十）年。二十四歳だった。千歯扱《せんばこ》きで行う脱穀が一般的だった時代に、足踏み式を開発した。三〇年には文化鍬《ぐわ》を考案。鍬の裏側にくぼみを作り、土が付かないようにするアイデアで天皇陛下にも献上された。

二つの画期的な発明で社業は軌道に乗った。だが、順調な業績は急きょ暗転する。昭和初期の農業恐慌や戦時下の統制経済が直撃。売り上げは低迷し、他業種への参入を強いられる。そこで乗り出したのが、軍需車用のばね作りだった。脱穀機で培った鉄の加工技術が生きた。

戦後はモータリゼーションの波に乗り、飛躍していく。その陰に知られざるもう一人の若き技術者の奮闘がある。高度経済成長期の六九年に入社した金子稔（72）だった。

翌年、社内に「開発課」が立ち上がり、新商品の開発を命じられた金子。車部品にこだわらず、ベッドや自転車など幅広い製品作りを求められたが、どうにも納得がいかない。

思いにふけり工場内をさまよっていたある日、エンジン内のホースと金属パイプの接続部を留めるクランプ（締め具）に目が留まった。当時はねじで取り付けるタイプが主流だったが、金子がくぎ付けになったのは、金属板を曲げ、ばねのように伸縮させて締める円筒形のクランプだった。既に製品化されてはいたが、締め付ける圧力が不均等になってしまうため普及していなかった。

自動車メーカーに聞くと、従来型は作業効率が悪く、緩んだ時の油漏れも問題になっていた。「面白い！」。金子はこの改良を決意する。会議室を模様替えしただけの急ごしらえの部屋で一人机に向かい、試作に没頭する日々。そして、大学で学んだ材料力学を応用し、三角形の穴を開け、一部に強くかかる圧力を逃がして均等に締める妙案を考え付く。

三年後、世界初の「ホースクランプ」の開発に成功。トヨタなどが次々と採用し、シェアを獲得した。三万点といわれる自動車の一部品にすぎないばね。だが、「ばねの東郷」といえば業界で知らぬ者がいないトップ企業になった。

激変する自動車業界。今の部品が通用しなくなるかもしれない。こんな時代の転換点だからこそ、義一の孫で社長の繁生（63）は「困り事を解決する」という祖父の姿に立ち返る。「これが私たちのものづくりの原点」。東郷は今、介護ロボットの開発にも乗り出す。

開発畑を歩み、九年前に退職した金子も語る。「現場を見て話を聞く。世間が何を求めているのか、と。それを探り続けてきた」。義一の精神は時代を超えて息づいている。

ホースクランプが登場する以前、1964年ごろの工場内の風景＝愛知県東郷村（現・東郷町）で（東郷製作所提供）

［扉写真］東郷製作所の主力製品、ホースクランプ

明治 こんな時代だった「農家と農具」

明治期には都市部が文明開化の恩恵を受ける一方、農民の暮らしぶりは江戸時代と変わらず貧しかった。むしろ、新政府による地租改正で税率が一定となり、不作の年には重い負担となった。小作農も多かった。農具では牛や馬に引かせて田畑を耕す「犁《すき》」が改良されて普及したが、くわで耕したり、千歯扱きで脱穀したりと手作業が中心のままだった。

明治政府は農作業の効率化を目指して蒸気機関式の耕作機など欧米式の農具の輸入を推進。1879（明治12）年には官製の三田農具製作所（東京都）を創設して普及を図った。だが、欧米式は高額で大型の農具が多かったため、精米機などを除いてほとんどが失敗に終わった。

corporate data

1881（明治14）年、相羽錠右衛門が現在の愛知県東郷町で創業し、鍛冶屋として農機具の修理や製造を始めた。1923年には「トーゴー農具製作所」とし、40年に「東郷製作所」へと社名変更した。現在は1万3000種類に上る自動車向けばねを製造している。従業員は800人。売上高は383億円（2017年12月期）。

13 story 津田駒工業

質こそ力。挑戦続ける

「織物の現場を知り、作り続ければ良い物は必ずできる」

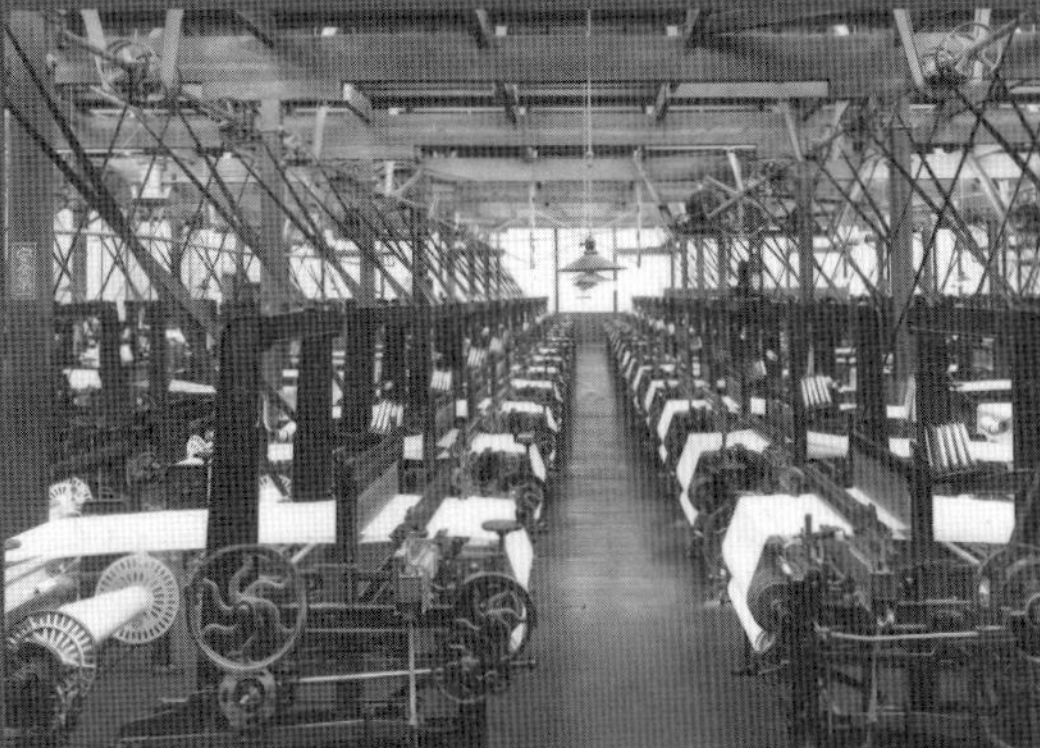

「2105」

未到の数字が画面に現れた。幾重にも囲んだ来場者がどよめき、大きな拍手がわき起こった。

二〇一五年十一月、イタリア・ミラノ。国際繊維機械見本市初日の快挙だった。満を持して自社開発の織機「エアジェットルーム」を持ち込んだ繊維機械メーカー「津田駒工業」（金沢市）。一分間に二千百五本もの横糸を空気の圧力で飛ばし、縦糸の間に織り込んでみせた。

繊維機械のオリンピック――。四年に一度の見本市は、こう称される。業界で困難とされた「二千本の壁」に挑んだ前回はトラブルで、「二千十一本」を記録した欧州メーカーに屈した。

雪辱を期した今回。技術者らは空気を送るチューブの長さや太さを研究。炭素繊維の部品で耐久性を高めた。開発担当の山和也（32）は言う。「〇・一ミリ単位の調整の連続だった」

津田駒のこの「強さ」は織機への飽くなき追求を続けた歴史に潜む。

初代の津田駒次郎（一八七八～一九四五年）が自らの名を冠した工場を金沢市に設けたのが一九〇九（明治四十二）年。働きづめの日々を送った駒次郎。アイデアを思い付くと夜中でも工場へ出て設計図と向き合った。腰にかね尺を挟み、和服の裾をたくし上げて工場を熱心に回った。

その後を継いだのが駒次郎の妻の弟、越馬《こしば》徳治（一九〇三～八三年）。目指したのは近代化だった。「量産するため型を統一すべきだ」。さらに徳治は、尺貫法の大工仕事だった製作現場にメートル法を導入。「本気で世界のトップを目指す気構えだった」。現会長の菱沼捷二（76）もその先見に舌を巻く。

創業から百年余。エアジェットで最高峰の技術レベルを証明した津田駒だが、その道は決して平たんではなかった。

一九七〇年代初頭、日本経済は米ドルと金の交換を停止したドルショックと石油危機で窮地に。円高が進み、輸出主体の繊維業界は廃業や転業が相次いでいた。だが、同じく苦境下にあった津田駒は、あくまで織機にこだわった。「質こそ力なり。この道で進む」。悲壮な決意だった。

そして水や空気の力で横糸を飛ばすジェット式織機の開発に本腰を入れる。欧州メーカーが既に取り組んでいたが、故障が多く、織物の品質も悪かった。困難な挑戦だったが、速度を上げ、生産性を高めるこの織機に繊維業界の未来がかかっていた。

三代目社長、越馬平治《へいじ》（一九二四〜二〇〇六年）の指揮の下、一九七七年に国内初のエアジェットの実用化に成功。従来機の約二倍、「毎分約四百本」を達成した。

一号機から四十年。シャツからカーテン生地まで幅広く織れるジェット式は速度と累計生産台数で世界トップに立つ。

今、繊維業界が置かれる状況は中国メーカーの台頭などで相変わらず厳しい。だが、「研究室にこもるのではなく、織物の現場を知り、作り続ければ良い物は必ずできる」。ジェットルーム開発に長年携わり、十七年前に社長を退任した寺田外喜男《ときお》（86）のエールは力強い。

世界一を捕る―。ものづくりへの貪欲な遺伝子は技術者たちの心に固く編み込まれている。

1分間に2105本の横糸を織り込むことができる高速織機の「エアジェットルーム」=金沢市の津田駒工業で

[扉写真]明治末期から大正期に建てられたとみられる津田駒工業製の織機が並ぶ絹織物の工場=同社提供

明治
こんな時代だった
「織機」

織機は人力の「手機《てばた》」と動力の「力織機」に分類される。世界初の力織機は1785年に英国人エドモンド・カートライトが発明したが、日本では明治期初期まで手機が主力だった。

江戸期までの手機は座って作業する織機だった。幕末にいすで足元のペダルを踏んで動かす「高機《たかばた》」が普及して負担が軽減された。

力織機の開発が進んだのは明治中期以降だ。1896(明治29)年に豊田佐吉が日本初の木綿用力織機、1900年に津田駒工業の創業者、津田駒次郎の親類、米次郎が日本初の絹織物用織機を完成させた。普及は急速に進み、石川県鉄工史によると、大正に入り、同県内では14(大正3)年に手機の5968台に対し、力織機は8146台となり、初めて使用台数が逆転した。

corporate data

1909(明治42)年に「津田駒次郎工場」として創業。39年に現社名となった。現在は織機などの繊維機械のほか、精密機械加工に適した工作用機器、炭素繊維強化プラスチックを自動で加工する装置の製造も手掛ける。2017年11月期の連結売上高は396億8600万円。従業員数は17年11月末現在、949人。本社は金沢市。

14 story 後藤木材

固い志。日はまた昇る

「日本の山と林業を守っていく」

老舗の新たな挑戦が始まった。今から四年前。木材加工販売「後藤木材」（岐阜市）は旧知の愛知県内の会社からある特殊ノウハウを手に入れる。熱を加えながら木材をゆっくりと圧縮し、強度を高めた板に加工する技術だった。

全国に広く植林されたスギやヒノキなどの針葉樹は軟らかく、床板には適さない。だが、この圧縮技術を使えば、通常、床板に使うナラやブナなど広葉樹製の二倍の硬さになる。表面は鏡のように輝きを放った。

地元の木を使い、衰退する林業者も救える―。国産材の新たな可能性を探し続けていた七代目社長後藤栄一郎（43）の心は躍った。

明治期創業の後藤木材は、岐阜の大地が育んだ山々や木々とともに歩んできた。

社の前身、「かくき」は一八八九（明治二十二）年、長良川沿いの商家町で、米穀商をしていた後藤喜八が起こした。西欧化で近代産業が急発展していた時代。住宅や電柱、桟橋、鉄道の枕木など木材の需要が急速に高まった。喜八は、長良杉や東濃檜《ひのき》で知られる岐阜県の豊かな森林資源と、川が多く発達した水運に着目。角材の「角」に名前の一字を取って屋号とし、無垢《むく》の製材を工務店や大工らに卸す「白木商」に転じた。実直な商売と、品質の高さが評判に。いずれも「後藤喜八」を襲名した二代目、三代目が社業を拡大し、近代日本のものづくりを下支えした。

だが、戦後、高度経済成長とともに先祖が大切にしてきた国産材を取り巻く環境は激変する。一九六〇年代に外材の輸入が自由化され、七〇年代に円高が進むと安い木材が大量に流入した。国産材は採算が合わなくなり、間伐もされなくなった。人が立ち入らなくなった山林は荒れ、日本の林業は苦境に立った。

次第に後藤木材も対応を迫られていく。国産材から外材に軸足を移し、さらに、システムキッチンなど住宅設備販売の分野に進出し、経営を多角化。九〇年には効率化のため、木材を建設現場に運ぶ前に全自動の機械で加工しておく「プレカット工場」を岐阜県内で初めて導入した。

この当時、陣頭に立ったのが栄一郎の父で現会長の直剛（75）。社が取り扱う木材の九割が外材に変わっていた。そんな「時代」に流されてでも必死に社を守り抜いてきたとの自負を抱く一方で、一抹の寂しさもあった。「もう復活できないのか」と。

岐阜県木材協同組合連合会長も務めた直剛が近年、抱く苦い思いがある。「安易に輸入材に依存した結果、山は荒廃し、都会に住む人の生活を脅かしている」。自身が歩んだ道への自戒の念。業界としても国産材を守っていく必要性を広く訴えるようになった。

そして、出合ったのがスギ、ヒノキを硬く圧縮する特殊な技術だった。

「地元の木で床材を造ってほしい」。岐阜だけではなく、愛知、遠くは岩手、高知、鹿児島まで。今、後藤木材には全国から注文が相次ぐ。役所や体育館、学校などへの納入は百五十カ所になった。「日本の山と林業を守っていく」。こう決意を語る栄一郎が目指すのは衰退した国産材の「復権」だ。

本質的なものを忘れることなく、新しいものを取り入れていく—。それが直剛や栄一郎ら、代々の社長が大切にしてきた「不易流行《ふえき》」の意味だ。歩んできた百二十九年の「年輪」には、この言葉が刻まれている。

独自の圧縮技術で、床や壁板として使われるスギ材＝岐阜市の岐阜希望が丘特別支援学校で

［扉写真］伐採されたスギの巨木と写真に納まる林業者と材木業者ら。最前列右端の洋装の男性が二代目後藤喜八＝後藤木材提供

明治 こんな時代だった 「林業」

近代化を推し進めた明治時代は、建設ブームで木材需要が爆発的に増えた。森林ジャーナリストの田中淳夫さんによると、当時の国内生産高の９割は農林業だった。「山林を所有する地主や木材業者は豊かになり、林業労働者の賃金も、ほかの日雇い仕事に比べて高かった」と指摘する。

ただ、多くの山が荒廃して災害も多発した。そのため政府は１８９７（明治３０）年、保安林制度を柱とする「森林法」を制定。ほぼ同時に作られた河川法、砂防法と合わせ治水三法と呼ばれた。田中さんは「国が森林の防災面に着目する契機になった。当時の英国の新聞や学界から『日本の山林関係の法令や教育は先進的』と、高く評価されるほどだった」と解説する。

corporate data

創業１８８９（明治２２）年。戦時下の１９４１年、木材統制法で岐阜木材会社に一時統合され、戦後に中部木材として再出発。５１年に後藤木材と改称した。木材販売や加工、建材・住宅設備機器販売などに進出。従業員は１５０人、２０１７年８月期の売上高は８１億円。本社は岐阜市。岐阜、愛知両県に２支店、３工場がある。取引先の工務店は岐阜県内外に８００社。

15 story 河田フェザー

白く美しく。圧倒的に

「常に他社の追随を許さないポジションに立つようにしてきた」

巨大な選別機の中で、綿毛のように白い羽毛が舞う。三重県明和町の羽毛専業メーカー「河田フェザー」の工場。風と重力で羽毛（ダウン）と羽根（フェザー）をえり分ける。他を圧倒する清潔で高品質な羽毛だ。秘密は「風土」と、卓抜した「技術」にある。

名古屋市に拠点があった河田フェザーが一九九一年にこの地で生産を始めたのには訳があった。原料の水鳥の羽毛は湿度が高いと閉じてしまい、細部の汚れが取り切れない。乾いた気候と洗浄用のきれいな水が欠かせない。

明和町は、乾いた風が吹き抜ける伊勢平野の中南部にある。奈良県境に降った雨がゆっくりろ過され、地下深く流れる。微細な汚れが品質を左右する羽毛の洗浄に絶好の土地。全国を探し歩き、たどり着いた。

工場立ち上げを担ったのは現社長の河田敏勝（58）。幼少期、ガムのように羽根をかんでいたというほど羽毛を熟知していた。

「コメをとぐように優しく洗えばきれいになる」

自分で図面を引き、ドイツの設備メーカーと高級外車の部品で一から独自の機械を作り上げた。コメを扱うように羽毛同士をぶつけながら洗い、細菌の餌になる毛根まで取り除けるようにした。乾燥機は一五〇度の高温仕様。水分が瞬時に蒸気となり、羽毛を傷めずふんわりと仕上がった。

「これほど差が出るのか」。先代の河田和成（一九三二〜二〇一三年）と敏勝は白さに目を見張った。驚きの品質に、敏勝らは名古屋工場の閉鎖と、拠点の全面移転に向け迷わず動きだす。

経営リスクを抱える可能性もある決断。だが、そこには創業家が紡いできたという「哲学」がある。

「圧倒的な一番になる」──。

河田フェザーの源流は一八九一（明治二十四）年。羽毛商として初代の寅吉が東京で創業した。第二次世界大戦時、飛騨へ疎開。そして名古屋への移転を経て、一九五二年から和成がかじを取った。時代をつかむ感性に優れていた和成。七〇年代後半、国産初のダウンジャケットの量産に乗り出す。米国から持ち帰ったイタリア製ダウンを解体して、作り方を研究。ゼロからの出発だった。背広を作っていた職人を雇い、型紙作りや縫製技術を習い、一年間かけて自社生産にこぎ着けた。

まもなく流行に敏感な若者がこぞってダウンを求めるようになる。作れば作るだけ売れ、商品を載せたトラックが一日に何台も出て行った。当時、日本で流通した国産ダウンは河田フェザーがほぼ独占。「不良品でも売ってほしい」。こんな業者も出るほどだった。

八〇年代、羽毛布団の需要の高まりで、次に目指したのが「最高の品質」だった。あの新工場建設を率いた敏勝は言う。「常に他社の追随を許さないポジションに立つようにしてきた」

河田フェザーは今、羽毛業界の将来も見つめる。取り組むのは「日本初」の羽毛リサイクルだ。循環の仕組みを確立すれば、資源保護にも役立つ。「百年先も使えるようにしたい。無駄なく、私たちの手で」。誰も挑んだことのない場所へ。さらに、高く、羽ばたこうとしている。

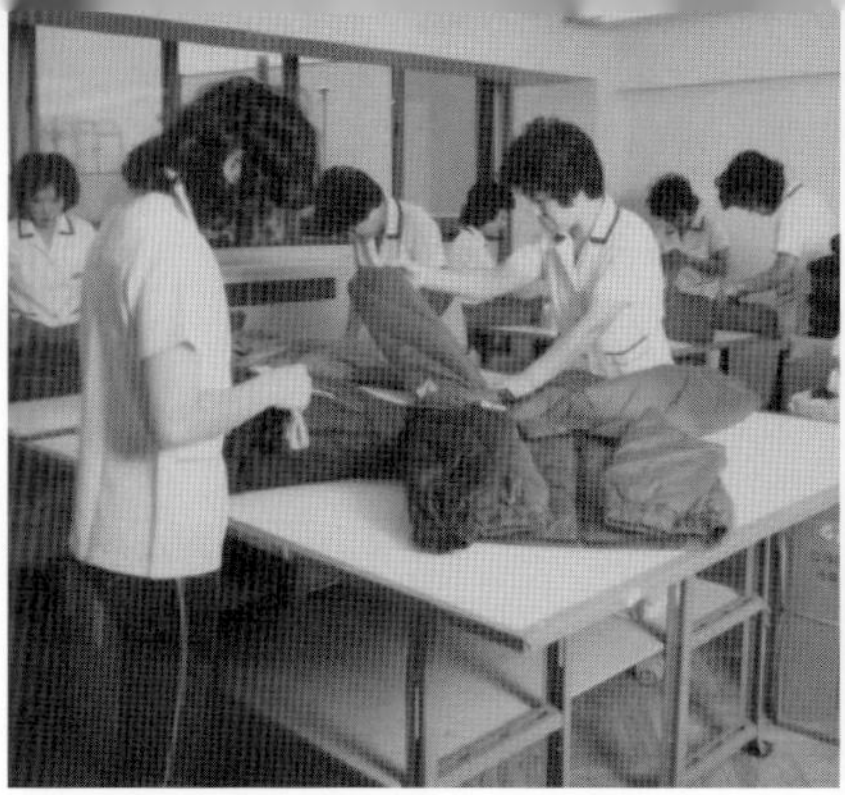

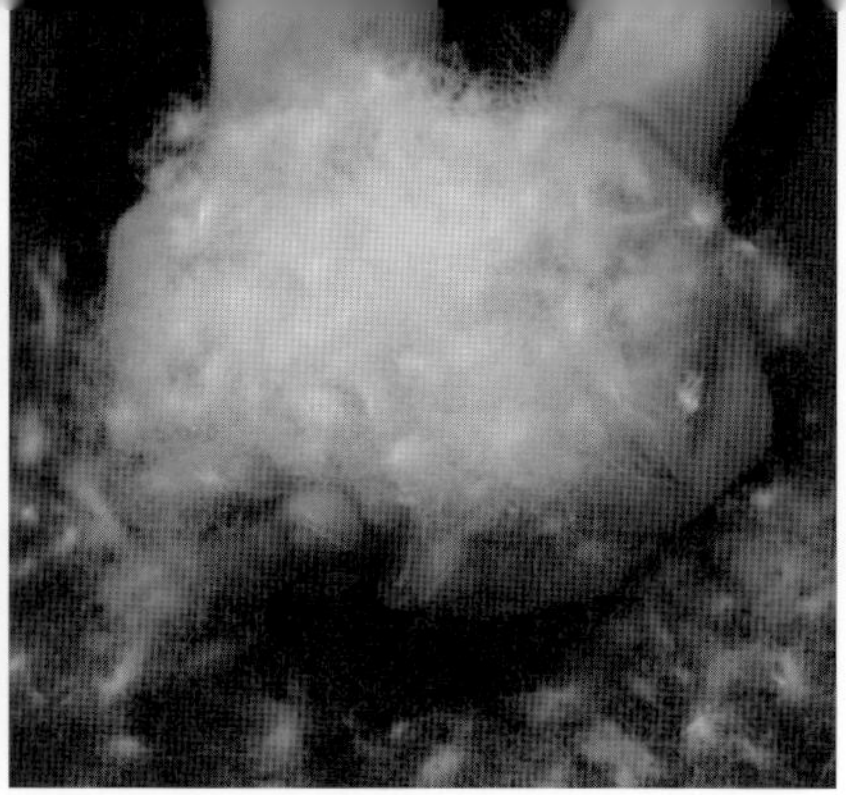

[右写真]河田フェザーが選別や洗浄を手掛けたダウン

[左写真]ブームを呼んだダウンジャケット製造現場の1980年ごろの様子=同社提供

[扉写真]自ら設計した選別機の前に立つ河田フェザーの河田敏勝社長=三重県明和町で

明治 こんな時代だった 「羽毛」

羽毛布団は明治期、文明開化による西欧化を受け、欧州から日本に伝わった。

『羽毛と寝具のはなし その歴史と文化』(羽毛文化史研究会編・日本経済評論社刊)によると、舶来品だったため非常に高価で、上流階級しか買えなかった。東京など都市部では木綿布団が一般に普及。地方や貧しい世帯では、わらで編んだむしろなどを寝具としていた。

羽毛布団が国内で生産され始めたのは昭和に入ってからだ。戦後の高度経済成長期以降、次第に一般家庭に広まった。

羽毛は明治初頭から婦人向け帽子の装飾用などとして欧州へ輸出。また、1871(明治4)年には、英国からガチョウなど羽根ペンの輸入も始まった。

corporate data

1891(明治24)年、創業。太平洋戦争で事業中断を余儀なくされ、岐阜県高山市へ疎開。1949(昭和24)年に名古屋市へ移転した。創業100年の節目の91年、三重県明和町に新工場が完成した。売上高はグループで30億円(2017年2月期)。羽毛布団など寝具向けが7割を占める。本社は名古屋市だが、実質的な本社機能、生産拠点は明和町。

16 story 杉藤楽弓社

「職人たちは弓作りに命を懸けている。会社をやめないで」

魂の旋律。遺志響かせ

一本の弓が奏でた数奇な物語がある。

十四年前に遡《さかのぼ》る。若きバイオリニスト佐藤俊介（34）は、世に出回っていない未発表の弓を手にする。ニューヨークの名門ジュリアード音楽院で学び、頭角を現していた佐藤はこの頃、パリに拠点を移していた。

その弓を手掛けたのは明治期に創業した老舗メーカー「杉藤《すぎとう》楽弓社」（名古屋市）の社長、杉藤浩司。約二十年にわたり、たった一人で研究と試作を繰り返してきた弓だった。

ブラジル産の銘木が原材料の杉藤の弓。通常、板状の材にゆっくり熱を加えながら曲げて成形する。だが、浩司が取り組んだのは、最初から弓の形に切り出す手法。現代で試みる者はほとんどいなかった。弾き手の微妙な感覚に反応する弓を求め、たどり着いた結論だった。

一方、環境の変化もあり「技を変えよう」と考えていた佐藤。頭をよぎったのが、かつて親しんだ杉藤の弓。自ら連絡を取り、名古屋の工房にも足を運んだ。「新しいものを一緒に作ろう」。熱っぽく語る浩司との出会いは刺激的だった。

二〇〇五年一月、佐藤は杉藤の弓を手に、バイオリンソナタ六曲を収めた初のソロアルバムをリリース。「異色の弓」が日の目を見た瞬間でもあった。

そして、その繊細な音を奏でる弓は「センシティブ」と名付けられ、杉藤の商品に加わる。

全てが順調に運び始めていた。だが、運命は突然、暗転する。

〇七年七月末だった。浩司は体調不良を訴え、病院を受診する。膵臓《すいぞう》がん―。「余命二カ月」の非情な宣告だった。

付き添った妻、慎子《ちかこ》（59）。車中で語った夫の言葉を今も忘れない。「職人たちは弓作りに命を懸けている。会社をやめないで」

東京の音大に通っていた長女でバイオリニストの万純《ますみ》（29）にも父と欧州を旅した直後の思いもかけぬ悲報だった。イタリア、フランス、ドイツ…。中でもドイツは浩司が弓作りの道を選び、修業した苦楽が詰まった地。ここで浩司は夜にもかかわらず師匠宅を訪れる。ドイツ語を解さない万純だが、パジャマ姿の師匠と語り合う父の姿を覚えている。実に懐かしそうに、楽しそうに。

翌年一月、浩司は息を引き取る。五十五歳だった。葬儀で、慎子は意を決したように参列者に訴えた。「主人の遺志を継いで会社を続けていきたい」

五代目社長を継いだ慎子にはこの時、秘めた覚悟があった。「センシティブがなければ会社を続けても意味がない」。夫が人生を懸けた弓。それが生き残る道だとも思った。

製作を託したのが、杉藤一筋三十年の職人、向井隆夫（60）。設計図もない手探りの作業。削っては考え、また削る。先が見えない中で、向井が思い出したのは休みなく弓と向き合っていた浩司の姿だった。

三年後、向井は弓を完成させる。万純が弾くと、父のより少し強いが、遠くでも響く紛れもないあの音色。「向井さんなりのセンシティブを作り出したね」。こう優しくねぎらった。

佐藤は浩司との出会いの後、国際コンクールで入賞するなど活躍。今年六月には古楽の名門楽団「オランダ・バッハ協会」の音楽監督に就任した。古楽器が中心になり、モダン楽器に触れる機会は少なくなったが、浩司の弓は今でもハーグの自宅に大切に置いてある。「当時の自分の『形』。弓の見方を変えるきっかけを与えてくれました」

老舗の伝統にあぐらをかくことなく、理想を求めた浩司。その魂の旋律は死してなお響いている。

一緒に写真に納まる杉藤浩司（故人）（右）と、バイオリニストの佐藤俊介＝2004年8月撮影、杉藤楽弓社提供

［扉写真］一流演奏家からの注文も多い杉藤楽弓社の弓＝名古屋市東区で

明治こんな時代だった「西洋楽器」

明治維新後の文明開化で、西洋の音楽や楽器が本格的に日本に入ってきた。1871（明治4）年には、英国人クラークがバイオリンなどの輸入販売を始めている。明治政府は79年、文部省に「音楽取調掛《とりしらべがかり》」を設置。その後、組織は「東京音楽学校」（現・東京芸術大音楽学部）に改称され、西洋音楽の導入に力を注いだ。国内でも日本の洋楽器製造をリードしていく企業が生まれた。

90（明治23）年、鈴木政吉が名古屋市で、国産初のバイオリン製造を本格的に開始。その10年後にはパリ万博で、政吉のバイオリンが銅賞を獲得するなど世界にその品質が認められた。

楽器の世界的メーカーに成長したヤマハ（浜松市）の創業者山葉寅楠《とらくす》や西川虎吉が相次いで、オルガンやピアノの製造に乗り出したのも明治期だ。

corporate data

初代、杉藤鍵次郎（1862〜1920年）が楽弓の製作をはじめた1899（明治32）年を創業としている。国産初のバイオリンを製造した「鈴木バイオリン製造」（名古屋市中川区）の成長とともに生産を拡大。1964年、合資会社化、2014年に株式化した。バイオリン、ビオラなど初心者からプロ用までの弓をそろえる。社員数9人。本社兼工房は名古屋市東区。

17 story 東洋軒

黒いカレー。日々苦悩

「先人が引き出した、素材本来の味が忘れられつつある」

「黒いカレーができないか」。秘伝の味は、この注文から始まった。

九十年前。まだ洋食文化がなかった津市に、東京で名声を得ていた西洋料理店「東洋軒」が出張所を開設した。料理長として赴任した猪俣《いのまた》重勝（一九〇七〜八九年）は早速、この難題に頭を抱えることになる。

注文の主は、百五銀行（津市）の頭取、川喜田半泥子《かわきたはんでいし》（一八七八〜一九六三年）。東洋軒の味にほれ込み、当時は異例の地方出店を実現させた男だ。「東の魯山人《ろさんじん》、西の半泥子」と称される陶芸家でもあり、漆黒の陶器にも負けない色のカレーを頼んだという。

「試作品を出しては、かわいそうになるくらい何回も突き返されていた」。周囲の目に映った猪俣の苦悩は、こう語り継がれている。東京と比べれば、津で手に入る食材も限られた。それでも、引き下がれない伝統が東洋軒にはあった。

西洋料理の黎明《れいめい》期だった明治時代。東洋軒の料理人たちは閉店後にフランス語を学び、レシピを読み解いた。国内にない食材が書いてあれば代用品を探し、日本人の舌に合う味を模索した。スモークサーモンやクリームコロッケなど、今では定番となった料理も日本で初めて提供したとされる。「メニューにない料理でも作り出すのが東洋軒だった」。創業者の兄の孫に当たる元社長金子忠敬《ちゅうけい》（78）は話す。

猪俣が試行錯誤の中で着目したのが、地元特産の松阪牛の牛脂。小麦粉やスパイスと炒めて黒さを引き出そうとした。火が強いと焦げ、弱いと色が付かない。火加減をにらみながら調理すること一カ月。真っ黒な見た目からは想像できないまろやかな味になった。後の看板メニュー「ブラックカレー」

が誕生した瞬間だった。

津の東洋軒は一九五〇（昭和二十五）年に東京本店からのれん分けが認められ、独立した。二〇〇一年に名古屋三越に出店するなど事業は順調だったが、裏腹に、猪俣の孫で社長の憲一（49）は危機感を強めていく。

今やファミリーレストランの定番にもなった洋食だが、味付けが簡単な化学調味料を使う店も増えた。「先人たちが手間を惜しまずに引き出した、素材本来の味が忘れられつつあるのでは」

一方で、創業地の東京では本店が後継者難で閉店し、東洋軒ののれんを受け継ぐのは津店のみになっていた。「百年前の料理人たちが当たり前にやってきたことを、今の最高の食材や技術で再構築したい」。憲一は創業地に再び伝統の灯をともすべく、一四年に東京・元赤坂に新店を開いた。

メニューは、メンチカツやシチューといった定番が中心。だが、調理法は一から見直した。パン粉は調理場で焼いたパンからひいた。シチューは小麦粉を使わず、野菜を煮込んでとろみを出した。どこか懐かしくも新しさを感じる味。「東洋軒だけは食べた次の日も胃がもたれない」と評判になった。

東京店は一五年版のミシュランガイドにも掲載され、海外からも客が訪れる。「洋食は白米に合うごちそうとして発展した日本独自の食文化。変えるべきところは時代に合わせて変えていきたい」と憲一。東京で生まれ、津で育まれた味は、世界を見据えている。

ブラックカレーを開発した猪俣重勝

[扉写真]看板メニューとして受け継がれているブラックカレー=津市で

明治
こんな時代
だった
「西洋料理」

雑誌「料理王国」の2007年7月号によると、日本で西洋料理店の出店が始まったのは幕末のころ。横浜、長崎などの港町や、東京に誕生したとされる。

明治維新後、政府は外交で対等な関係を築こうと、各国の要人を晩さん会に招待。そこで振る舞われる西洋料理は日本の文化の高さを示す役割もあり、東洋軒や精養軒、中央亭といった東京の名店の料理人たちは腕を競い合った。修業のため本場のフランスなどに渡る料理人もおり、日本の西洋料理は急速に発展した。

一方、文明開化で牛鍋が広まったとはいえ、西洋料理は一般庶民には手の届かない高級料理。ナイフやフォークの使い方が分からない人も多く、テーブルマナーの指南書が出版された。

corporate data

1889(明治22)年、長野・諏訪出身の伊藤耕之進が東京・三田に開業した牛鍋屋「今福」が発祥。97(明治30)年に西洋料理店「東洋軒」を開き、「天皇の料理番」として知られた秋山徳蔵らを輩出した。宮中晩さん会の御用達だった歴史もあり、2018年に皇太子さまが三重県に来られた際は津本店が昼食会場になった。従業員は250人、2017年9月期の売り上げは11億円。

18 story あいや

西尾発の抹茶。世界へ

「宇治を常に
意識してきたからこそ、
挑戦を続けられる」

背広を着た二十代の青年営業マンが、店先で頭を下げる。抹茶の缶を手に「サンプルだけでも置かせてください」と請うが、店主の表情は渋い。口を開けば、決まって冷ややかな言葉が返ってきた。「うちは結構。西尾って、どこ？」

一九七〇年代初め。抹茶製造販売「あいや」に入社して間もなかった杉田芳男（71）＝現会長＝は、二年かけて全国の茶販売店を巡った日々を忘れない。

若き日の芳男が手にしていたのは日本屈指の産地、愛知県西尾市の抹茶だ。販路拡大を狙って北海道から鹿児島まで百八十軒に営業をかけたが、どの店も棚に並ぶのは絶大なブランド力を誇る京都の宇治茶。西尾の抹茶は地元を一歩出れば、知名度の低さゆえ通用しない。「宇治が貴公子なら、西尾は野武士か」。歴然とした業界の序列に、芳男は歯がみした。

当時は芳男の家族ら十人余りで営む零細企業。正攻法で売れないなら、同業他社が手を付けていない分野で勝負できないか。狙いを定めたのが食品業界の開拓だった。

人づてに紹介を受けた大手乳業メーカーから視察が舞い込んだ。新たな氷菓を開発するという。千載一遇のチャンスに芳男は喜び勇んで工場を案内したが、担当者は意外にも天井を指さした。「蛍光灯にカバーがない。落ちて混入したらどうする」。次々と口をつく衛生管理のダメ出し。茶業界では十分な水準が、より厳格な食品業界で通用しないことを知らされたのだ。

「抹茶を飲むものから食べるものに転換させなければ、われわれの成長はない」。父の三代目社長、茂（一九一五〜二〇〇六年）の言葉に従い、芳男は大手乳業の要求に応える決断を下す。工場内を工程ごとに仕切って衛生面を管理しやすくし、作業着も混入防止のためボタンやポケットがないものに新調。「食品会社」に生まれ変わるため改革を進めた。

芳男の入社から三年を経た七五年ごろ。あいやの抹茶を使ったカップ入り氷菓が大手乳業から世に出た。濃い緑に染まった氷をすくい、口へ運んだ芳男は「期待で胸がいっぱいになった」。アイスクリームにクッキー、チョコレートと次々に抹茶味の食品を手掛けた。桁違いの需要はあいやを業界トップ級の企業に成長させるだけでなく、値が張り「高根の花」だった抹茶を万人が親しめる味に育てた。

挑戦は終わらない。九九年、二十五歳の若手社員だった芳男の長男武男（44）は単身、米国へ渡った。まだ海外で無名に等しかった抹茶を輸出するためだ。現地の知人の会社事務所で、机一つを借りて開拓を始めた。

翌二〇〇〇年、食品の展示会に出展すると道が開けた。ブースを訪れた現地の飲料メーカーから「抹茶ラテ」の材料の注文が舞い込んだのだ。米国で人気のカフェメニューが生まれるきっかけの一つになった。

知名度で宇治の足元にも及ばなかった西尾の抹茶は海を越え、世界に通じる「ＭＡＴＣＨＡ」になった。欧米、中国と続き、次に見据えるのは開拓途上の東南アジア。「宇治の金看板を常に意識してきたからこそ、挑戦を続けられる」と芳男。野武士たる振る舞いは今春、五代目社長に就いた武男へ受け継がれている。

世界に広がった抹茶の商品を紹介する杉田武男社長＝愛知県西尾市の「あいや」で
［扉写真］創業当時の「あいや」。このころは屋号を「杉田商店」と称していた

明治　こんな時代だった　「喫茶店」

文明開化は日本の喫茶店文化も育んだ。「あいや」の創業と同じ1888（明治21）年、国内初の本格的な喫茶店とされる「可否茶館《かひさかん》」が東京・上野に開店した。『黎明《れいめい》期における日本珈琲《コーヒー》店史』（星田宏司著・いなほ書房刊）などによると、庶民の社交場を目指し、国内外の新聞や書籍、ビリヤード、トランプも楽しめた。コーヒー1杯の値段は1銭5厘。盛りそばが8厘の当時としては決して手ごろでなく、4年で廃業した。

名古屋市に喫茶店ができたのは明治時代が終わって間もないころ。1913（大正2）年に中区で開店した全国チェーン「カフェーパウリスタ」の名古屋店がネルドリップ式のブラジルコーヒーを提供し、国内屈指の来店客数を誇った。

corporate data

1888（明治21）年創業。社名は初期に茶のほか藍染めの染料となる藍玉の製造を手掛けたことに由来する。米国、ドイツ、オーストリア、中国、タイの5カ国にも拠点を置く。従業員数は海外を含め216人。抹茶の出荷量は年間約1200トンで業界トップ級。2017年に抹茶製造を見学、体験できる施設「和く和く」を愛知県西尾市の本社に開設した。社長は代々「愛次郎」を襲名する。

19 story 美川酒造場

山廃仕込み。壁を突破

「オンリーワンになるには覚悟がいる。でも、うちの味を作る」

酒蔵は、がれきと化していた。福井市中央部にあった美川酒造場。四代目の美川スヱ（一九〇七～八七年）と長男の典雄（二九～二〇〇三年）が放心状態で立ち尽くす。四八（昭和二十三）年の福井地震で、酒蔵四棟のうちの三棟に加え、当時は珍しかった瓦ぶきの母屋も倒壊した。

美川家は代々続く地主。小作農の作る米で酒造りをしてきた。それだけに終戦後、「農地改革」の打撃は大きかった。地主の土地を国が強制的に買い取って小作農に売り渡していく。八割を失った土地は一㌶となり、米の収穫量も激減。造れる酒量は減り、酒造免許の維持が危うい。米を買うため、スヱと典雄は資金調達に奔走。二年ほど休蔵し、やっと再開した直後の地震だった。

それでも二人はくじけない。被災から九年後に養女として美川家に入った典雄の妻、トシ子（74）が復興の原動力を解き明かす。「母はなにくそと頑張る人。典雄さんも責任感が強かった。養子だった自分の代で『家業を絶やした』と言われるのが嫌だったのでしょう」

一棟残った酒蔵を被災した福井市内の他の蔵元にも開放。地震から五カ月後には合同で酒造りをした。さらに、酒の銘柄名を地元の言い伝えにちなむ「舞美人《まいびじん》」に一新。翌年には酒蔵一棟を再建した。

時は巡り九〇年代。後に六代目となる杜氏《とうじ》の欽哉（50）は苦しんでいた。当時の流行は、すっきり飲みやすい「淡麗辛口」だったが、おいしいと感じられない。先輩の越後杜氏が培った「酸味のある旨口《うまくち》」を土台に、自分らしい味を模索していた。

だが、「この酒は売れないよ」。専務と営業担当も兼ねる欽哉は日々、福井県内の酒販店を歩いて回ったが、試飲すらしてもらえない。製造量は一時、ピークの三十分の一に落ち込む。高齢の従業員の引退に合わせて家族経営に切り替え、人件費を削った。

足りなくなった蔵人の仕事を買って出たのは、妻久美子（48）。幼い長男を背負い、次女を抱きかかえて手伝った。「やむなく始めたけれど、仕組みが分かると酒に個性があるのが子育てと重なったんです」。愛情を込め、我慢強く造り続けるうち、少しずつ取引が戻り始めた。

「この蔵は山廃仕込みが合うのでは」。転機は二〇〇八年、取引先の言葉だった。酒母造りに必要な乳酸や酵母を自然界から取り込む方法で、先祖から受け継ぐ木製の道具を多用する環境は「酵母がすみ着きやすい」と。ただ、作業の難しさが増し、時間も倍以上かかる。三年越しで、ようやく出来上がった酒はほんのり琥珀《こはく》色。濾過《ろか》せず、搾りたての旨味を残した証拠だ。強い酸味とのバランスは絶妙。左党の支持が広がった。

五年ほど前からは、自前の田で初めて酒米の五百万石と山田錦を育て始めた。ブドウ作りからワインの醸造、瓶詰めまでを一貫して行う欧州のワイナリーを参考に、欽哉と久美子が長年温めてきた方法だ。「オンリーワンになるには覚悟がいる。でも、うちにしか出せない味を作りたい」。震災を乗り越え、こだわりの味を追い求めてきた美川酒造場。挑戦は新たなステージに入った。

「舞美人」(手前)を生み出す、年季の入った木槽の手入れをする美川欽哉(右)、久美子夫妻
=福井市小稲津町の美川酒造場で

[扉写真]タンクで作業をする蔵人たち=同社提供

明治
こんな時代
だった

「お酒」

文明開化はお酒にも変化をもたらした。キリンによると、ビールがさかんに飲まれるように。ワインは栄養価の高い健康飲料として注目され、明治天皇は西南戦争の負傷兵に見舞いの品として贈った。日本洋酒酒造組合によると、ウイスキーは輸入した他、国内で中性アルコールに香料などを加えた模造品も造られた。

一方、良質な日本酒を増やして税収を伸ばそうとする動きも。日本酒造組合中央会によると、門外不出だった製造工程を国が管理。各地に技術が広まった。1904年には、大蔵省醸造試験所も設置され、官民で醸造技術向上の動きが活発化した。国税庁の調べでは、明治30年代ごろから昭和初期まで、国の税収に占める酒税の割合は最も高かった。

corporate data

1887(明治20)年、福井市小稲津町で創業。地主の美川吉兵衛が米と足羽川の水で酒造りを始めた。「舞美人」は、江戸時代に村一番の美人が同町に訪れた福井藩主を舞で楽しませた言い伝えにちなむ。山廃純米吟醸720ミリリットルで1800円(税別)。和釜や木槽《きぶね》など伝統的な道具にこだわり、2007年に英国でのワイン世界大会の日本酒部門で入賞。家族3人で経営。本社は福井市。

20 story

牧成舎

チーズ。しょうゆ味で「開拓精神はDNA」

柔らかく真っ白な出来たてのモッツァレラチーズ。垂らしたしょうゆに引き立てられ、まろみが顔をのぞかせた。「この味なら勝負できる」。飛騨の山々が鮮やかな若葉色に彩られた二〇〇五年の初夏。岐阜県飛騨市の乳製品製造販売「牧成舎《ぼくせいしゃ》」で、四代目社長の牧田礼子（59）は確信した。

憧れだったチーズ作り。食材として幅広い可能性を感じていた。〇一年、酪農業界団体のフランス研修旅行で産地を巡り、思いを強くする。酪農家が搾りたての生乳で当たり前に手作りする光景は、日本の田舎で漬物を作る女性の姿と重なった。「自社オリジナルのチーズを作りたい」

帰国三カ月後にはイタリアへ渡って生産機械を買い付け、〇三年に商品化。しかし、飛騨地域で販売すると「どう食べればいいのか」。まんじゅうのような見た目と、弾力のある豆腐のような食感。モッツァレラチーズはなじみがなく、戸惑いが広がった。赤字が膨らみ、従業員からも諦めの声が漏れた。

「先がない。もうやめよう」

自信を失いかけた時、懐かしい思い出がよみがえった。幼い頃、しょうゆをかけて食べた牛乳豆腐。Ｔシャツ姿の父が、売れずに余った牛乳「余乳」を固めて作り、バケツいっぱい運んでいた。

愛着のある食べ方に一縷《いちる》の望みをかけた。和と洋が溶け合う味。試食会で勧めると「刺し身のように食べればいいんだ」。徐々に認知され、ヒット商品に。一四年には「チーズの醤油《しょうゆ》漬け」が、日本航空の機内食に採用された。

窮地を救った思い出の余乳だが、過去に会社が苦しめられたのも余乳だ。

初代社長が一八九七（明治三十）年、本願寺参りの折に子牛三頭を買い、牛乳販売を始めた牧成舎。一日の出荷量は当初の百本から一九五〇年代には二百五十本と伸びていた。だが政府の政策で状況は変わる。五四年、牛乳の安定供給を目指す酪農振興法が制定され、酪農家が急増した。

「創業時は町内で自分たちだけだったが、ピークには十五軒になった」。三代目の牧田昭信（89）＝現会長＝は振り返る。競争激化で牛乳が売れず、余乳に悩まされた。多いときは一日で九十五㍑。経営は悪化し、生活費を捻出するため、母が嫁入り道具や着物を質に入れたと後で知った。

目を付けたのが当時まだ目新しいヨーグルト。生乳と違って十四日間も保存でき、利益率も生乳の三倍。富山県の同業者から乳酸菌を分けてもらい、培養や仕込みに没頭した。発酵の温度や時間で味やにおいは変化する。「菌の機嫌に合わせる生活」で、時に食事を取ることも忘れた。

六〇年。「クリームヨーグルト」として発売すると口コミで評判が広がる。七五年には生活雑誌「家庭画報」で紹介され、東京や京都など県外の百貨店にも卸す主力商品になった。

今、開発を目指すのは手で裂いて食べるチーズ。搾りたてのミルクから作り、牛乳本来の味が感じられるように、と。実は、いったん商品化し、賞味期限の短さを理由に販売を取りやめた経緯がある。再挑戦だが礼子は胸を張る。「開拓精神は牧成舎のＤＮＡ」。苦難の先にこそ、新しい味が待っている。

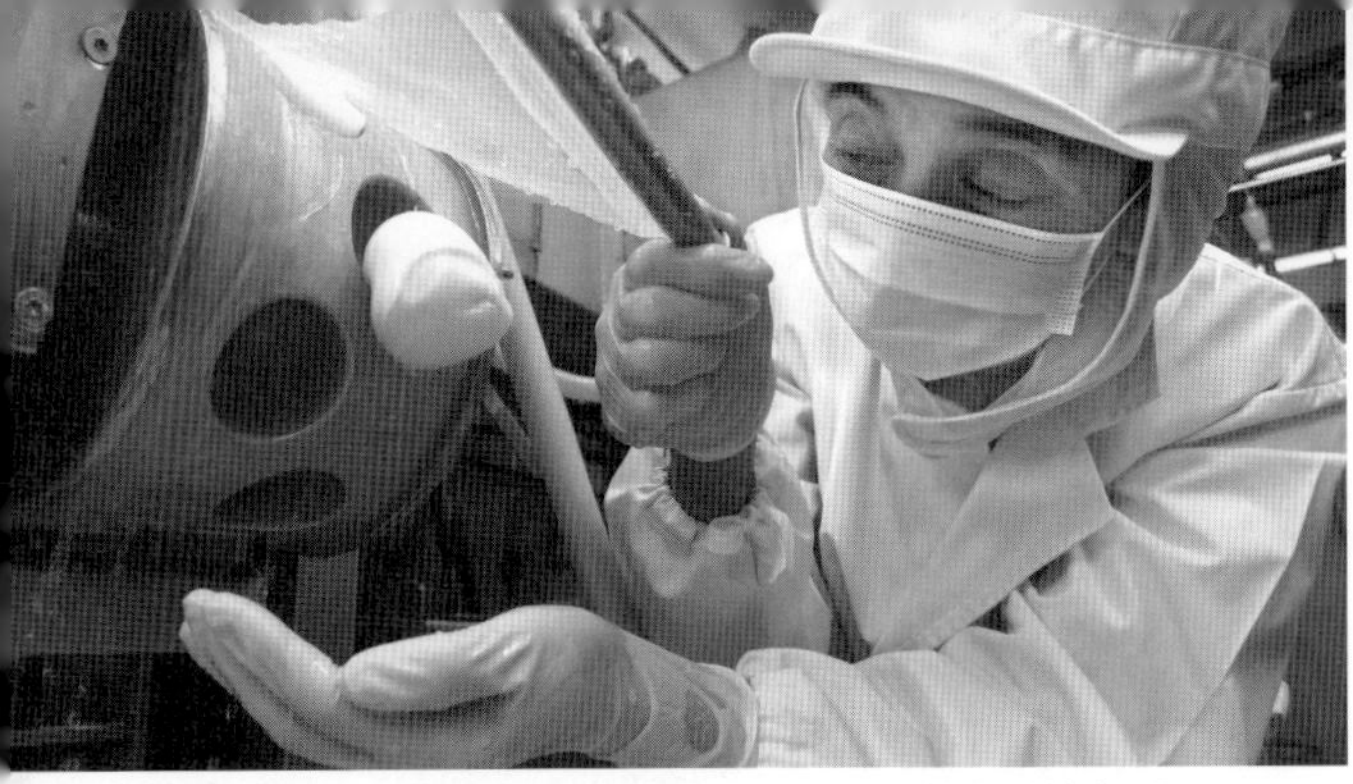

自社牧場の生乳からモッツァレラチーズを作る牧田礼子＝岐阜県飛騨市古川町で
［扉写真］新築した牛乳処理工場で写真に納まる牧田昭信（後列右）ら＝牧成舎提供

明治 こんな時代だった 「牛乳」

『牛乳・乳製品の知識』（堂迫俊一著・幸書房）などによると、明治維新で欧米の文化が流入すると牛乳は薬や母乳の代用品として普及。牛鍋とともに文明開化を象徴する食品に。1871（明治4）年ごろに出版された当時の風俗を記した滑稽本「安愚楽鍋《あぐらなべ》」の挿絵には、店で牛乳やチーズが販売される様子が描かれている。

明治初期の牛乳販売を担ったのは、維新で職を失った東京の士族。空き地となった武家屋敷跡を牧場として利用し、商売を始めた。東京の搾乳業者は1880年の70軒から、1910年には6倍超の444軒に増えた。政府が酪農を振興し、地方にも牛乳の製造販売が普及。当時は酪農と販売が一体だったが、時代が進むにつれて分業化された。

corporate data

1897（明治30）年に岐阜県丹生川村（現・高山市）で創業。1921（大正10）年に同県古川町（現・飛騨市）に移り、名称を「牧成舎」とした。自社牧場を有し、酪農から販売まで手掛ける。低温殺菌牛乳「白の命」を中心にアイスクリームやピザ、ヨーグルトなど。従業員数は2018年10月末現在28人。

21 story たねやグループ

革命。バウムを極める

「世界中で食べて回ったが、うちより軟らかいものはない」

「うちはそんなん求めているんとちゃう。人気のモンブランを売れ」
一九九八年、阪神百貨店梅田本店（大阪市）の応接室。百貨店幹部の怒号が飛んだ。滋賀県近江八幡市の菓子製造販売「たねや」の出店にあたり、交渉の席に着いた洋菓子シェフの責任者、山本隆夫（46）＝現クラブハリエ社長＝が「バウムクーヘン一本で勝負する」と啖呵《たんか》を切ったからだ。当時、業界の見方は「終わりかけの商品」。それでも、隆夫は「自信がある」と一歩も引かなかった。

バウムは日本で長らく進物用だった。木の年輪に似た形が長寿を想起させ、縁起が良い。だが、長く保存させるため生地の水分を極力減らす。「日本人には硬くてパサパサのイメージしかない」。たねや四代目社長の山本昌仁（49）は言う。

たねやは、その固定観念を覆す軟らかさを生み出した。焼きたてはプリンのように揺れ動くほど。秘密は生地が含む気泡をいかに増やすか。新鮮な卵を使い、適切な温度で泡立てる。京都の菓子店で修業し、七三年にたねやで初めてバウムを焼いた職人岸本英悟（68）は「世界中で食べて回ったが、うちより軟らかいものはない」と確信していた。

「仕方ない。一週間だけ好きにさせましょう」。百貨店側は代わりに、一日五十万円の売り上げノルマを課した。それまで、たねや全店舗のバウムの売り上げを足しても二十万円ほど。到底不可能な数字と思われた。

そもそも、たねやの洋菓子部門は長らく赤字が続き、お荷物的存在だった。工場の片隅で七、八人の職人がほそぼそと作る程度。阪神百貨店の前に出店した別の百貨店では、モンブランが人気を集めたが、材料費と人件費だけで定価を上回り、売れば売るほど赤字がかさむ始末だった。

会社の経理担当者からは「頼むから、おまえらは何もせんでくれ。出勤してタイムカードを押して、あとはじっとしとけ。それが赤字が一番少なくて済む」とまで言われた。

どんよりとした空気が職場を覆う中、隆夫は信じて疑わなかった。「幼い頃、工場で出来たての丸太棒にかぶりついたバウムの味は忘れられへん。食べてもらえれば絶対分かる」

洋菓子部門の意地を懸けて迎えた阪神百貨店への出店。今では業界で当たり前の実演販売「ショップ・イン・ファクトリー」も初めて持ち込んだ。客の目の前で、丸太棒のバウムをシェフが均等に切り分けていく。試食した客たちはフワフワの食感に驚く。「これ、ほんまにバウムクーヘン？」

開店初日の売り上げは六十七万円を記録。ノルマをあっさりクリアしたばかりか、洋菓子部門の赤字は、たった一年で黒字化した。今や洋菓子の売り上げの七割をバウムだけで稼ぎ、たねやグループ全体に占める洋菓子の売り上げも、和菓子に迫る勢いだ。

快進撃は「バウムクーヘン革命」と称され、一日二万個の出荷数は日本一。次に見据えるのは世界一の知名度だ。昌仁と隆夫は言い切る。「バウムを徹底的に極めていく」。赤字部門が大胆な戦略でヒットさせた看板商品は、その〝年輪〟のように着実に会社を成長させている。

客の目の前で焼きたてのバウムクーヘンを切り分ける従業員＝滋賀県近江八幡市で

［扉写真］明治期に「種家末廣」が滋賀県近江八幡市で開いた菓子屋1号店＝たねや提供

明治
こんな時代
だった
「洋菓子」

明治期に入り、人々の関心はカステラやボーロといった南蛮菓子から、キャンディーやクッキー、チョコレートなどの西洋菓子へと移った。

『日本洋菓子史』（池田文痴菴編著・日本洋菓子協会刊）によると、横浜でフランス人のサミュエル・ペールから洋菓子作りを学んだ村上光保が、1874（明治7）年に東京・麹町で日本初の洋菓子専門店「村上開新堂」を開店。焼き菓子「ガトー」や宴会用のデコレーションケーキは人気を博した。

明治政府が77年に開いた最初の内国勧業博覧会の菓子部門では、東京・両国若松町の「風月堂」のビスケットが褒賞を獲得。風月堂はシュークリームやアイスクリームの製造にも力を入れ、日本に洋菓子文化を定着させた。

corporate data

江戸時代に材木商として始まり、種苗販売に転じた後、1872（明治5）年に「種家末廣《すえひろ》」の屋号で創業。現在は和菓子会社たねやと洋菓子会社クラブハリエに分かれ、グループ全体で全国47店舗。山本昌仁氏は、たねや社長とグループ最高経営責任者を兼務。2018年2月期の売上高は200億円。従業員数1950人。本社は滋賀県近江八幡市。

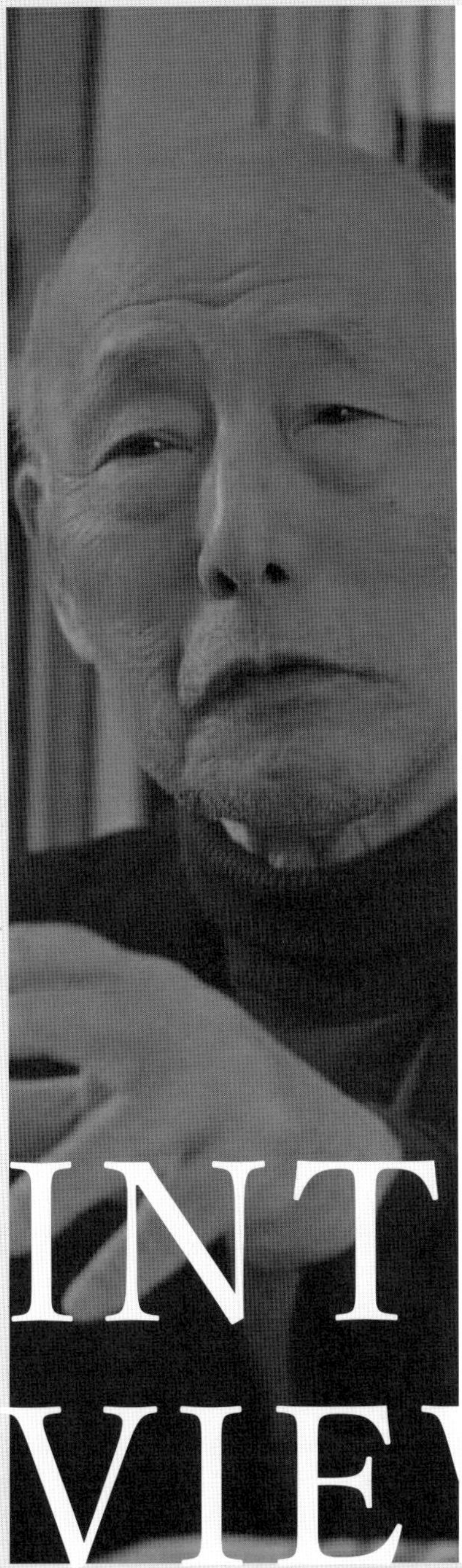

インタビュー02

一般社団法人「100年経営研究機構」（東京）の後藤俊夫代表理事（81）に、日本の長寿企業が海外でも注目を集めている実態について聞きました。

100年経営研究機構 代表理事
後藤 俊夫
Toshio Goto

機構には海外からの講演依頼が増えている

10年ほど前から増え始め、最多の2019年には45回の海外講演をした。その7割が中国の依頼だった。

中国からの関心が強い理由は

16年末の中国共産党と政府の経済運営方針を定める会議で、習近平国家主席が実体経済を振興する文脈の中で、100年企業の重要性について言及したことが大きい。1970年代末の改革開放を機に急増した民営企業が事業承継の時期を迎えており、日本の長寿企業を参考にする機運が一気に高まった。昨年秋に中国へ呼ばれ、通信機器大手の華為技術(ファーウェイ)で講演した際、高級幹部が「日本には世界で最も古い旅館がある。そんな何百年も続く企業になりたくて、研究している」と言っていたのが印象的だ。

日本の長寿企業について研究した海外の書籍は長く存在しなかったが、ここ数年のうちに中国で3冊刊行された。同時期にドイツでも1冊刊行され、今年は中東では初めてアラブ首長国連邦から講演依頼を受けた。世界的な関心が急速に広まっていると感じる。

その背景は

国連が持続可能な開発目標（ＳＤＧｓ）を発表して企業の持続可能性が重視されるようになったことに加え、米国型の資本主義が揺らいでいることが大きいと思う。２０１９年に米主要企業の経営者団体「ビジネス・ラウンドテーブル」は、株主の利益よりも利害関係者の利益を優先する新たな行動指針を発表した。企業が新陳代謝を繰り返すより長く存続した方が従業員や顧客ら利害関係者への責任を果たせるとの考え方で、日本の長寿企業がモデルになると思う。ゴア元米副大統領に面会した際にそう伝えたら「その通りだ」と賛同していた。

――日本に長寿企業が多いことは、なぜ国際的に認知されているのか

私は民間企業から大学に移った１９９９年から、１００年以上続く国内外の企業をデータベース化してきた。長寿企業の多くは家族経営なので、２００４年からファミリービジネスを研究する国際学会で調査結果を発表している。この調査結果がメディアで報道される機会も増え、国内外で次第に認知されていった形だ。

機構が20年に発表した調査結果では、創業１００年超の企業は世界に約9万社あり、その58%の5万２３２８社が日本に集中していた。現時点の推計値では６万社を超している。

日本に次いで長寿企業が多い国は

少し前のデータだが、2位が米国、3位はドイツだった。だが、米国は母数となる企業数が圧倒的に多いので、経済規模との相対値で比べると、日本が1位、2位がスイス、3位がオーストリア、4位がドイツ。米国は母数となる経済規模が圧倒的に大きいので14位だった。日本では創業家が経営に残る例が多いが、欧米では利益が出ると企業を売却する事例が多く、創業家が残っている比率が約50%と少ないのが特徴的だ。

新型コロナウイルス禍も長寿企業への注目を高める一因となった

機構が20年5月に長寿企業95社に行ったアンケートで、8割以上が手元の資金で1年以上の事業継続が可能だと答えた。歴史的に何度も危機を乗り越えてきた企業の強さが表れた形だ。

PROFILE

後藤 俊夫(ごとう・としお)

ハーバード大ビジネススクールでMBAを取得。NECで30年以上勤めた。静岡産業大(静岡県藤枝市)、光産業創成大学院大(浜松市)の教授や日本経済大(東京)の経営学部長を歴任し、現在は同大の大学院特任教授。2015年に100年経営研究機構を設立し、代表理事に就任した。

22 story アピ

一手先へ。蜂蜜も薬も

「ハードルが高いほど
競合は減る。
挑戦の価値がある」

横浜港から南に約千キロ。小笠原諸島にほど近い海は、ひどく荒れていた。一九一二（大正元）年十月、「暖かいから」と指定された洋上。揺れる船内で吐き気をこらえつつ、二十二歳の青年は米ハワイから来る船を待った。そして、研究を目的に買い求めたセイヨウミツバチの巣箱を受け取る。青年は、海に落とすまいと胸に抱いた。

青年の名は、野々垣良三。一八九〇（明治二十三）年、現在の愛知県一宮市の織物問屋に生まれた。一九〇五年に日露戦争が終わり、直後の不況で家業に見切りをつけた。着目したのが養蜂だった。

蜂蜜づくりに欠かせないセイヨウミツバチは明治時代に輸入が始まり、まだ歴史が浅かった。終戦から二年後、良三は兄とミツバチの巣箱づくりなどの研究開発に着手。二四年、その後に「アピ」となる「岐阜養蜂場」を現在の岐阜市に設立する。

「養蜂技術も確立していない時代。今でいうベンチャー企業だった」。孫娘の婿養子で、六三年に入社したアピ会長の野々垣孝（85）は、良三の挑戦をそう表現する。

戦後の高度成長期には食の欧米化も進み、蜂蜜の需要が急増。人口増もあり、業績は順調に伸びた。さらに、九〇年前後には、取引先の大手飲料メーカーが売り出したはちみつとレモン入りの清涼飲料が、爆発的な人気となった。蜂蜜の注文が急激に増え、高さ八メートルの蜂蜜貯蔵タンクを新設。それまで五十億円ほどだった売上高は、百億円近くにまで伸びた。しかし、当時社長だった孝はタンクを見上げ、胸騒ぎを覚えた。「こんなに売れるのはおかしい」

予感は的中する。ブームは一年余りで去り、売上高は元の五十億円に戻った。数千万円を投じたタンクは無駄に。二倍に増えた従業員が経営を圧迫し、リストラにも踏み切らざるをえなかった。

「ブームに左右されては事業はできない。他の柱を探さなくては」。孝は再起を誓い、まず、社名をアピに変える。ラテン語でミツバチを意味する「アピス」から名付けた。

「これから長寿社会が実現すれば、健康食品の需要は伸びる」。ローヤルゼリーやプロポリスに目を付けた。いずれも養蜂から派生した健康食品だった。

事業のスタートから四年間は赤字だったが、健康サプリメントの錠剤や栄養ドリンクに幅を広げ、今ではアピ全体の七割を稼ぐ。

挑戦は続いた。次に狙いを定めたのは医薬品事業。厚生労働省の厳しい安全基準に適合しなければ、医薬品づくりには取り組めない。だが、それこそが参入を狙う理由だった。

「ハードルが高いほど競合は減る。挑戦の価値がある」。養蜂に挑んだ創業者のチャレンジ精神は、血こそつながっていないが、孝の心にも息づいていた。

健康食品で培った技術を生かし、九六年に前立腺治療薬の製造を開始。二〇〇三年には岐阜県池田町に抗生剤の工場を新設した。

医薬品事業は十二年間、赤字が続いたが、一七年に買収した国内のバイオ医薬品製造「UNIGEN（ユニジェン）」が新たな展望を開く。ワクチン製造に必要な遺伝子組み換え技術と細胞培養に強みを持っていた。

「他社と差別化が図れると考えた」と振り返る孝。ほどなくして米食品医薬品局（FDA）から、インフルエンザワクチンの原薬製造の承認を受け、利益を上げるようになる。

明治時代にベンチャーとして養蜂業に挑んだアピ。インフルエンザワクチンをてこに、塩野義製薬

（大阪市）と共同で新たな新型コロナウイルスのワクチン開発にも取り組んでいる。

良三のＤＮＡを受け継いだと自負する孝には、確信がある。「健康食品も医薬品も同じ。危険を冒さないようにと、何もやらないのが一番のリスクだ」

［上写真］岐阜県池田町にある医薬品工場の製造ライン

［下写真］野々垣孝会長

［扉写真］岐阜養蜂場のミツバチの巣箱＝撮影場所不明。昭和初期ごろ（アピ提供）

M E M O

蜂蜜　農林水産省によると、2021年の国内の蜂蜜流通量は計4万9800トン。家庭向けや菓子製造などの業務用に使われており、うち、輸入品が95％で、中国が66％と大半を占める。国産は2700トン。生産額は計52億円だった。国内の養蜂家は1万1000戸ほど。アピは、国内で流通の10％に当たる約5000トンを取り扱っている。

corporate data

創業は1907（明治40）年。非上場で、2022年8月期の売上高は378億円、パートを含む従業員は1600人。祖業の業務用、家庭用蜂蜜販売のほか、岐阜県各務原市の自社養蜂場では、野菜や果物の花粉交配用ミツバチも生産する。主力の健康食品事業はOEM（相手先ブランドによる生産）に特化している。独自の研究開発センターがあるのも特長。本社は岐阜市。

23 story メトロ電気工業

ローテク。熱を極める

「こたつだけに頼るわけにはいかない」

バブル崩壊から長引くデフレの寒風が、こたつ業界にも吹き付けていた。一九九〇年代後半、安い海外の製品とのコスト競争が激しさを増す。電気こたつ用のヒーターを製造するメトロ電気工業（愛知県安城市）も、赤字に陥っていた。二〇〇〇年に社長に就任した川合誠治（75）は、存続の危機を感じていた。

一九一三（大正二）年、横浜市で創業。エジソンが設立した会社を起源とする米ゼネラル・エレクトリック（GE）から技術者の派遣を受け、電球の製造、販売を始めた。

高度経済成長期の六三年、こたつ用赤外線電球の量産化に成功し、シェアを広げる。しかし、平成に入り、断熱性の高い家の登場や生活様式の変化で需要が縮小。さらに安価な海外製品が冷や水をかけた。

折しも、電球に代わる可能性があるとして長寿命の発光ダイオード（LED）が注目を集め始めた時代だった。川合の頭に「こたつだけに頼るわけにはいかない」との思いが広がる。

先端分野に挑戦すべきなのか―。だが、ハイテクへの挑戦は大きな資金がいるうえ、失敗のリスクも高い。川合が危機の打開に選んだのは「ローテク」の電球を極め、「光源ではなく、熱源としての電球を製造してきた強みを生かす」という道だった。

社運をかけ、新たな柱となる事業の模索が始まった。薄利多売の家庭用製品だけでなく、安定して利益が見込める産業用製品への挑戦にも本腰を入れた。

二〇〇五年、電球の仕組みを生かした赤外線カーボンヒーター「オレンジヒート」が完成する。文字通りオレンジ色の光を放つフィラメントは、高純度カーボンの薄板。切れ込みによって電気抵抗を操ることで、一〇〇〇度以上の高温と安定的な温度のコントロールができるようになった。少量多品種が求められる産業用への道が開けた。

模索したのは、ガス燃焼に代わる加熱器として、食品加工や自動車産業への導入。転機は一三年、オレンジヒートを用いて試験的に造った「サンマ焼き器」が本社を訪れた中部電力の社員の目に留まったことだった。

ちょうどそのころ、中電は自動車メーカーのスズキから工場の金型設備について省エネ化の相談を受けていた。

中電とスズキの提案で、エンジンの部品を造る金型をあらかじめ温める工程で活用することが決まる。自動でムラなく加熱できるヒーター式は、ガスに比べて加熱時間を32%減らし、原油換算で月二〇・八キロリットル分のエネルギー使用量を削減した。

製造現場の二酸化炭素（CO_2）削減はニーズが大きく、スズキのインド工場など国内外の現場で採用され、脱炭素を掲げる他メーカーにも広がっている。

川合は「電球というローテクを極めることでイノベーションを起こすことができた」と語る。産業用オレンジヒートの売り上げは現在、およそ五億円。全体の二割ほどだが、将来的には五割を目指す。

確立されたローテクを時代に合わせて応用しニッチな市場で生き抜く。川合は言う。「ちょっとしたひらめきや応用が、経営資源の乏しい中小企業には合っている」。メトロ電気工業の社長室には、エジソンの写真が飾られている。

オレンジヒートを前に、今後の展望を語る川合誠治社長＝愛知県安城市で

[扉写真]掘りごたつ用の暖房赤外線電球の製造風景＝1974年ごろ撮影、メトロ電気工業提供

M E M O

エジソンの白熱電球　米国の発明家トーマス・エジソンは1879年、安定して長持ちする白熱電球の開発に成功した。発光体のフィラメントの素材には世界中の材料を試し、竹が最適であることが判明。京都の石清水八幡宮近くの真竹を使い、1200時間の点灯を実現した。

corporate data

1913（大正2）年に横浜市で創業。44年に戦災を避けるために愛知県安城市に移転した。電気こたつ用ヒーターユニットでは、約8割の国内シェアを誇る。2019年に白熱電球の生産を終了した。22年3月期の売上高は約30億円。従業員は約90人。

24 story ハクヨグループ

豊川愛。「土着になれ」

「この機会に、大人が喜ぶフィットネスクラブはどうだろう」

一九八三（昭和五十八）年の年の瀬、愛知県豊川市の伝統的な和風邸宅。材木販売会社「ハクヨ」の社長、笠原与八（一九三四〜二〇〇七年）は、長女と結婚することになった大学四年の青年と、ウイスキーを酌み交わしていた。青年の名は小林盛泰。与八が口を開く。

「ハクヨを継いでほしい」

二十四歳の学生ながら東京でイベント会社を運営していた盛泰のチャレンジ精神を見込んでのことだった。翌年、結婚し、笠原姓となった盛泰は、現在のハクヨグループに入社。後に社長を務めることになる。

ハクヨは、松下幸之助が現パナソニックグループを創業したのと同じ一九一八（大正七）年、白与材木店としてスタート。材木を売ったほか、地元の住宅造りも手がけた。しかし、高度経済成長期に入ると、木造住宅が減少。少なくなっていた住宅造りも、もうけが少ない大手の下請けが増えてしまった。何とか黒字を維持していたが、生き残るために多角化が必要なのは、明らかだった。ガソリンスタンドなどに手を広げるが、八〇年代になっても次の柱は見えなかった。

そんな中、入社二年目の盛泰は、新規事業の立ち上げを任される。「新しく来た人には新しいことを」と、笠原家の家族会議で決まった。

盛泰は地元の人たちの声を聞き、都会にないものを、と思いつく。「地方には土地がある。『上に』でなく、『横に』広げる」。たどり着いたのが、屋外の広い敷地に多くの店が並ぶ「オープンモール」だった。

バブル経済に列島が沸いていた八九年、インテリア店やケーキ店などをそろえた一万平方㍍の「アイレクステラス」を豊川市に開業する。ハクヨがシンボルとしているモチノキの学名から「アイレクス」と名付けた。

売りは、中庭で地元住民や来客が楽しめる屋外パーティー。土地が狭く、音に敏感な都会では難しい演出だった。「こんな場所、見たことない」と声が上がった。盛泰がハクヨで経験した最初の大きな成功体験だった。

八年後、もう一つの転機はやってくる。アイレクステラスにあったスポーツクラブの運営会社が倒産する。地元では「ハクヨのプール」と呼ばれて親しまれていた。「放っておけない」と、運営を引き継いだ。

ちょうど、「成人病」のリスクが広く言われるようになった時代だった。「この機会に、大人が喜ぶフィットネスクラブ（スポーツクラブ）はどうだろうか」。目指したイメージは一流のホテル。内装に高級感を持たせた。従業員に、実際にホテルのレストランで接客の研修を受けさせた。

コンセプトが受け、利用者は増え続けた。二〇〇〇年には、愛知県豊田市に二号店を出店。今では、名古屋市を含む愛知県内に二十五以上のクラブを展開する。売り上げは、ハクヨグループ全体の五割を大きく超えている。

豊川に来た当時、義父の与八は、友人のいない盛泰を会食やゴルフにつれて回り、「うちの息子」と紹介した。盛泰には「土着になれ」と言葉をかけた。

思い返せば、アイレクステラスもハクヨのプールも、喜んでくれたのは地元の人たちだった。豊川での生活は四十年近く。六十三歳になった盛泰は言う。「今後も、別の業種に変わるかもしれない。

ただ、それは常に地域に密着、貢献する事業でなければならない」

「地域に貢献してきた」と語る笠原盛泰社長＝愛知県豊川市で

［扉写真］1918年に創業した「白与材木店」の製材工場（ハクヨグループ提供）

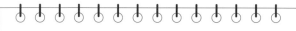

MEMO

スポーツクラブ　市場調査会社の矢野経済研究所（東京）によると、2020年10月時点で、全国に7893施設。現在はフィットネスクラブと呼ばれることが多い。24時間型が増える一方、プールなどがある総合型の割合は減っている。人口総数を施設数で割った1施設あたりの人口は、愛知県が1万3532人、岐阜1万7516人、三重1万8720人、長野1万7637人、福井2万7129人、滋賀1万4718人。

corporate data

笠原与七（1883〜1945年）が1918（大正7）年に創業し、70年にハクヨに社名変更した。2017年にハクヨコーポレーションを持ち株会社とするグループとなった。盛泰さんはハクヨコーポ社長。グループ全体の従業員はおよそ720人。23年3月期の売上高は約60億円を見込む。オープンモールなど複合商業施設の売り上げは2割ほど。本社は愛知県豊川市。

25 story

二軒茶屋餅 角屋本店

21代目は酵母と遊ぶ

「情熱だけで、良いものはできない。学問として学ばないと」

長篠の戦いがあった一五七五（天正三）年に、お伊勢参りの旅人を相手に茶店として創業した「二《に》軒茶屋餅《けんぢゃやもち》角屋本店」（三重県伊勢市）。二十一代目となる鈴木成宗《なりひろ》（55）は、自ら立ち上げた事業とはいえ、よもやビールが生業《なりわい》の主力となるとは、思ってもいなかった。

幼いころから微生物に興味があり、東北大農学部で海洋性プランクトンの研究に打ち込んだ。卒業後、二十四歳で実家に戻り、「大将」と慕われる父、宗一郎（91）を手伝って餅づくりを始めた。しかし、ことあるごとに世界と研究を競った大学時代を思い出してしまう。一階の作業場で働き、二階の自宅で眠る。「半径二十メートルで一日が終わる」。変化を求めていた。

そんな折、酒税法が改正される。ビール醸造の免許取得に必要な最低製造量が大幅に引き下げられたのだ。「世界」「微生物」「研究」…。頭の中にあった単語とビールが瞬間的に結びついた。一九九四年のことだった。「ビールをやれば世界とつきあえる。酵母と『遊べる』じゃん」

ビールづくりの関連施設を整備するために必要な経費は年商の二・七倍にあたる二億七千万円。「成功するまでやりますから」と銀行の担当者を必死に説得し、融資を受けた。

県内のビール工房を参考にして倉庫を改造し、九七年、醸造場とレストランを設けた。「伊勢角屋麦酒《びーる》」（現在はＩＳＥＫＡＤＯ）の名でビールを売り始める。

だが、まだクラフトビールが珍しい時代。成宗は自ら営業に回ったが、「子どもの遊び」と受け止められ、まともに取り合ってもらえなかった。

「ならば、自分でブランドをつくる。世界大会で優勝しよう」。成宗は、ビール大会の審査員になるのが近道だと思いつく。「味の評価基準」を知るためだった。

日本地ビール協会の試験を受け、審査員資格を取得。各地で大会の審査員を務めるうち、どんなビールが評価されるのかが、見えてきた。

追求したのはビールづくりの工程。仕込みや発酵に最も適した時間、温度を探し出し、数字で管理した。勘に頼らないことで、余分な香りや雑味がしないビールが仕上がった。成宗は「飲みやすく、主張がはっきりしたビール」と表現する。

伊勢で明治に流通し「幻」と呼ばれたビールをイメージした「神都ビール」は、二〇〇〇年の国内審査会で金賞を受賞。その三年後には、かんきつ系の香りが特長の「ペールエール」がオーストラリアで開かれた国際審査会で最高賞に輝く。日本のクラフトビールメーカーとして初の快挙だった。

成宗は歩みを止めなかった。「情熱だけで、良いものはできない。学問として学ばないと」

一二年、四十代半ばで三重大大学院に入学し樹木から採取する酵母を研究、博士号を取る。その間に、伊勢の森で採れた酵母を使ったスパイシーな香りの「ヒメホワイト」を生み出す。

ビールを手がけてから四半世紀。今では、ペールエールを筆頭に主力の九銘柄と、年間五十種類ほどの季節限定品を展開。一日最大二万㍑を仕込めるようになった。その量は、事業当初の十倍に上る。

「日本のビールをおもしろくしたい」。ビールの売り上げは現在、全体の七割以上を占める。二十代目の父とは別の道を歩みながら、角屋の名を受け継いでいる。

「伊勢角屋麦酒」の製造工場で仕上がったビールを見つめる鈴木成宗＝三重県伊勢市で

［扉写真］1883（明治16）年に建てられた二軒茶屋餅角屋本店の店舗。現在も使われている（同本店提供）

MEMO

クラフトビール　地ビールとも呼ばれる。1999年3月に設立された全国地ビール醸造者協議会によると、小規模ながらも地域に根ざして製造する業者のビールを言う。協議会には、2022年末時点で129社が加盟している。

corporate data

こしあんを薄皮で包み、きな粉をまぶした二軒茶屋餅角屋本店の名物。本店は1923（大正12）年、廃業する業者から設備を譲り受け、みそ、しょうゆの製造に進出した。

26 story

竹本油脂

乾坤一滴。界面活性剤

「正しいと考える方向に進んできたことが、うちの三百年の歴史」

「一滴で世界を変えよう!」

就活をする理系の大学生に、「マルホン胡麻《ごま》油」のブランドで知られる竹本油脂（愛知県蒲郡市）の総務部長、富田哲雄（63）が情熱のこもった言葉で訴えた。採用を担当していた二〇一八年秋に東海地方の大学で開かれた企業説明会でのこと。実は、富田の言う「一滴」は、ごま油のそれではなかった。

竹本油脂の始まりは、江戸中期の一七二五（享保十）年。その昔、皇族に油を献上してその名が付いたともいわれる三河の国の御油《ごゆ》（現・愛知県豊川市）で、菜の花や綿の種を搾って明かり用の油を作った。

それからおよそ二百年。大正期になり、日本中に電灯が広がったことで、明かり油は必要とされなくなっていく。そこで目を付けたのが、原料が調達しやすい食用のごま油だった。培ってきた搾油技術を応用し、生産を始める。しかし、ゴマは相場の変動が激しく、収益はなかなか安定しなかった。

ときは、輸出産業として紡績が華やかなりしころ。植物の繊維から糸を作る工程で、均一に芯に糸を巻き付けるための潤滑剤が求められていた。

そんな折、油の分解を専門としていた八代目の弟、西沢恭助・東北帝国大（現・東北大）教授から、潤滑油として、水と油の両方になじみやすい性質を持つ「界面活性剤」に挑戦してはどうかと、提案を受ける。

直後の一九三五（昭和十）年、第二の柱を求め、当時の最先端分野だった界面活性剤の製造に乗り出す。油に酸やアルカリを加えて反応させた。使い慣れた天然油が原料だったこともあり、順調に開発が進んだ。

最初は地元の三河を中心に重宝され、ポリエステルにも利用が広がった戦後は、中国やインドなどで売れ続けた。

今や、竹本油脂が手がける紡糸用の界面活性剤の世界シェアはおよそ六割。世界を変えるさらなる「一滴」の開発に取り組む研究職は、全従業員の三分の一を占める。

ただ、もともと油屋。祖業へのこだわりは忘れていない。

総務部長の富田が八二年に入社した頃、竹本油脂は蒲郡駅前の本社の敷地内にごま油の工場を構えていた。辺りには焙煎《ばいせん》したゴマの香りが漂い、蒲郡と竹本油脂の象徴となっていた。

「三河地方にゴマの香りが漂ってくる駅がありまして…」。ラジオでこう紹介されたこともあった。

ごま油の工場は八六年に移転し、今は駅前から南西二キロの埋め立て地にある。場所は変わったが、油を効率的に取り出す「溶剤」を用いず「圧搾《あっさく》」でゴマを搾る手法は百年以上前から変わらない。味には、老舗の天ぷら店も納得する。

油は社の歴史の背骨。だからこそ、十一代目の現社長、竹本元泰（61）は、界面活性剤が売上高の八割を占めても、自社の仕事を「分野は大きく二つ。食用油と界面活性剤」と紹介する。

伝統の分野でも、化学の分野でも、求められることを実現する。それらを横断するようなスローガンは、掲げない。

竹本には、確信がある。「それぞれが正しいと考える方向に進んできたことが、うちの三百年の歴史をつくってきた」

蒲郡駅前にあった工場。1924年に建設された（竹本油脂提供）

［扉写真］界面活性剤を製造する竹本油脂の工場＝愛知県蒲郡市で

MEMO

界面活性剤　水と油を均一に混ぜたり、粉末を水中に分散させたりする作用がある。竹本油脂は１９５０年代にコンクリート用、農薬用の製造もスタート。セメント粉末や水、砂などを混ぜてコンクリートをつくる際に加えると高い強度に仕上がる。農薬は水田に均一に散布しやすくなる。近年は半導体の製造工程で利用される基板などの洗浄向けも製造する。

corporate data

蒲郡市内1拠点でごま油、同市内と茨城県の計4拠点で界面活性剤を製造。海外でも化学繊維用の界面活性剤の工場が中国とインドなどにあり、中国では２０２５年をめどに2カ所目となる上海の工場の稼働開始を予定する。２１年１２月期の単体の売上高は約９３０億円。従業員約６６０人。

27 story ワーロン

和紙挟む。強く美しく

「父はあきらめずに行動した。第二の創業者」

一九六五（昭和四十）年五月、名古屋市中村区の町工場「渡辺セルロイド工業」の事務所の電話が鳴った。

「もしもし、こちらクナイチョウですが」

後に社長となる専務の渡辺豊は、受話器の向こうの相手が誰だか分からなかった。「クナイチョウ」。間を置いて、ようやく理解した。宮内庁――。姿勢を正し、受話器を握り直した。

聞けば、自社の強化和紙「ワーロンシート」を、造営中の皇居の新宮殿に導入することを検討しているという。祖業のおもちゃとは別に「水洗いのできる障子紙」「破れない障子紙」をキャッチフレーズに五年前に売り出した製品だった。

豊は数日後、サンプルを手に宮内庁を訪問。「もう少し厚いものを」「和紙の美をさらに引き立ててほしい」と要望を受ける。帰路の新幹線の車内で、どう改良するか思いを巡らせ、その日の夜から試作に取りかかった。

完成したサンプルの質の高さが認められ、翌年、採用が決まる。あの日の電話から一年足らず。七年後には社名にもなる「ワーロン」の名を世に知らしめることになった。

創業の原点は、豊の父、喜代治《きよじ》が十六歳だった大正期にさかのぼる。名古屋・大須の店先で喜代治の目に留まったセルロイドの飾り。光を浴びて輝いているように見えた。

「これからはセルロイドの時代だ」と直感した喜代治は一九二二（大正十一）年、セルロイド玩具製造業「井桁屋商店」の看板を掲げた。音が鳴る玩具のガラガラやオルゴールを組み込んだつり飾り「メリーゴーランド」などオリジナル商品を生み出し、名古屋だけでなく、東京、大阪でも人気となった。

空襲で自宅兼工場が全焼したが、戦後は出征先から戻った豊が、喜代治とともに商品が海外輸出されるまでに盛り返した。

ところが、思わぬ逆風が吹く。セルロイドは燃えやすいとして五四年に米国が輸入禁止に動き、国内でも販売取りやめが相次いだ。素材の切り替えが急務だった。折しも、燃えにくい硬質塩化ビニール樹脂（塩ビ）を開発する業界団体の取り組みに参加しており、この経験が転機をもたらした。

書家でもあった豊は、このとき使ったプレス機で和紙を塩ビでラミネート加工する技術を確立した。豊の長男で三代目社長の敬文《のりふみ》（66）は「父は紙に造詣が深かった。和紙産地の美濃も近い。何かできないかと考えたのでしょう」と話す。

失敗を重ねながら、塩ビの貼り合わせ方などを工夫し、表面に和紙の風合いがあるワーロンシートが完成した。わずか〇・一ミリの塩ビで和紙を挟むことで、燃えにくく水に強い丈夫な素材ができあがった。六〇年に発売すると、障子紙のほか、照明器具メーカーにカバーとして取り入れられ、住宅、ホテル、飲食店や展示会の空間を彩った。

山梨県富士山世界遺産センターの富士山を模した直径約十五メートルのオブジェや、ＪＲ九州の豪華寝台列車「ななつ星ｉｎ九州」の障子は、その一例。敬文は新たな道を示した豊について「父はあきらめずに行動した。第二の創業者」と語る。

和紙を挟む樹脂を厚くした「ワーロンプレート」、和紙風の印刷を施したフィルムをアクリル板に貼った「アクリワーロン」などのインテリア素材も商品群に加わった。

ワーロンは昨年、創業百年を迎えた。喜代治が商いを起こし、豊が未来を切り開いた。そして、豊からバトンを受け取った三代目は、こう決意する。「絶えず時代に適した商品を提供していく」

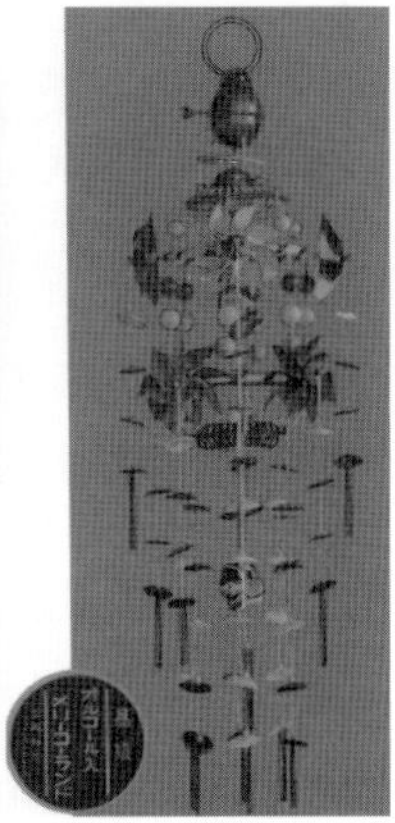

[左写真]自社の歴史や商品などについて話す渡辺敬文社長=名古屋市中村区で
[右写真]オルゴールを組み込んだセルロイド製の「メリーゴーランド」(ワーロン提供)
[扉写真]ワーロンシートなど、和紙の風合いを生かしたインテリア素材

corporate data

1922(大正11)年、名古屋市中区で創業。49年渡辺セルロイド工業を設立し、60年にワーロンシートの販売を始めた。名称は渡辺の頭文字や和紙や社是の「和」と、ナイロンなどの化学物質に使われる「ロン」を組み合わせた。72年の創業50周年を記念し、その翌年に社名をワーロンに改称。2022年9月期の売上高は12億5300万円。従業員数は約50人。本社は名古屋市中村区。

28 story

杉江製陶

守る。地中のインフラ

「時代の求めに応じて変化するのが、モノづくり」

高速道路の高架が横倒しになり、街から黒煙が上がっていた。一九九五（平成七）年一月、阪神大震災。マグニチュード（M）7・3、最大震度7。当時高校生だった杉江製陶（愛知県武豊町）の社長杉江省吾（44）は、テレビの前で絶句したことを今でも覚えている。だが、その神戸の街の下に、自社の製品が埋まっているとはつゆほども知らなかった。それも、ほぼ無傷の状態で。

ちくわを束ねたような「多孔陶管」。地中に埋設される通信線や電線を通し、保護する。ブレンドした粘土を型で成形、乾燥させ、一二〇〇度の高温で焼く。金属や樹脂製の競合品もあるが、硬いだけでなく、さびない、燃えない。杉江製陶は「世界で唯一」の多孔陶管メーカーをうたう。

当時の神戸では、トンネルなど二十六カ所に使われていた。震災一年後の現地調査。地面は激しく波打っているのに、被害はわずかなひびが一部に入っていた程度。ケーブルは守られた。

震災から十年。二十七歳で入社した初日、省吾はそのことを初めて知った。六十五時間燃え続けた七九年の東名高速日本坂トンネル火災でも、多孔陶管はケーブルを守り抜いており、「災害に強いとは聞いていたが、あらためて驚いた」。先人が積み上げた仕事に誇りを感じた。

杉江製陶は一八九六（明治二十九）年、瀬戸と信楽、備前などが名を連ねる「日本六古窯」の一つ、愛知県常滑市で導水用の土管メーカーとして創業した。

その後、戦後復興に伴うインフラ整備で、多孔陶管の需要が増加。だが、埋設する際、陶管同士をコンクリートでつなぎ合わせる必要があった。作業効率の悪さから、常滑では多くの工場が手を引いていった。

風穴をあけたのが省吾の祖父に当たる二代目の伍一だ。一九五一年、陶管の真ん中に長いボルトを通し、簡単に接合できる製品を開発。施工の効率が飛躍的に改善した。

会社は十年後、広い土地を求めて隣町の武豊町に移転。長さ百二十メートルのトンネル内を移動させる間に焼き上げる窯を造ったことで、生産量はそれまでの三倍にまで向上した。

省吾の父で四代目の省一郎（76）の時代には、二〇〇五年開港の中部国際空港建設という好機が訪れた。滑走路の下に埋める配線を守る製品が求められていた。

多孔陶管は、陶製で塩害に強い点でライバルの鋼管よりも優れていた。ただ、国が提示した基準は七百トンのジャンボ機の着陸の衝撃に耐えられる鋼管と同等の強度。試行錯誤の結果、衝撃を吸収する長さ六ミリのひだ状の突起を表面に施すことでクリアし、採用された。

「時代の求めに応じて変化するのが、モノづくり。新しいモノを造らなくなったら、世の中から必要とされなくなる」。省吾は挑戦を続ける意義を口にする。

今では、海外市場に目を向ける。すでにシンガポール、バングラデシュ、パプアニューギニア、台湾の空港で採用され、各地で「アメイジング（驚異的だ）」と評価を受ける。

当初は地方企業が世界に出て行くことに気後れがあった。だが、国土交通省の職員から、こう後押しされ自信がついた。「杉江製陶の製品はインフラ整備のメインディッシュにはならない。だが、欠くことのできないスパイスになる」――。

省吾は言う。「究極の夢は、自社の地中埋設管が世界標準になること」。陶都常滑を起源に持つ唯一無二の製品の前には、さらなる可能性が広がる。

多孔陶管を手がける杉江製陶の杉江省吾社長。近年は海外の市場にも打って出ている＝愛知県武豊町で

[扉写真]技術革新によって多孔陶管の未来を切り開いた2代目の杉江伍一（左）＝杉江製陶提供

corporate data

多孔陶管の年間生産量は４０万本で、距離にすると２４０キロ。国内の道路トンネルの延長上位５０のうち、７２％で施工実績がある。空港は中部のほか、成田、羽田、関西でも使われる。２０２２年には、国土交通省の「ＪＡＰＡＮコンストラクション国際賞」を受賞した。コロナ禍前の年間売上高は１５億〜２０億円。従業員は約１００人。

29 story ナベヤ

アツい。鋳物製品開発

「経営はやり過ぎれば転げ落ちる」

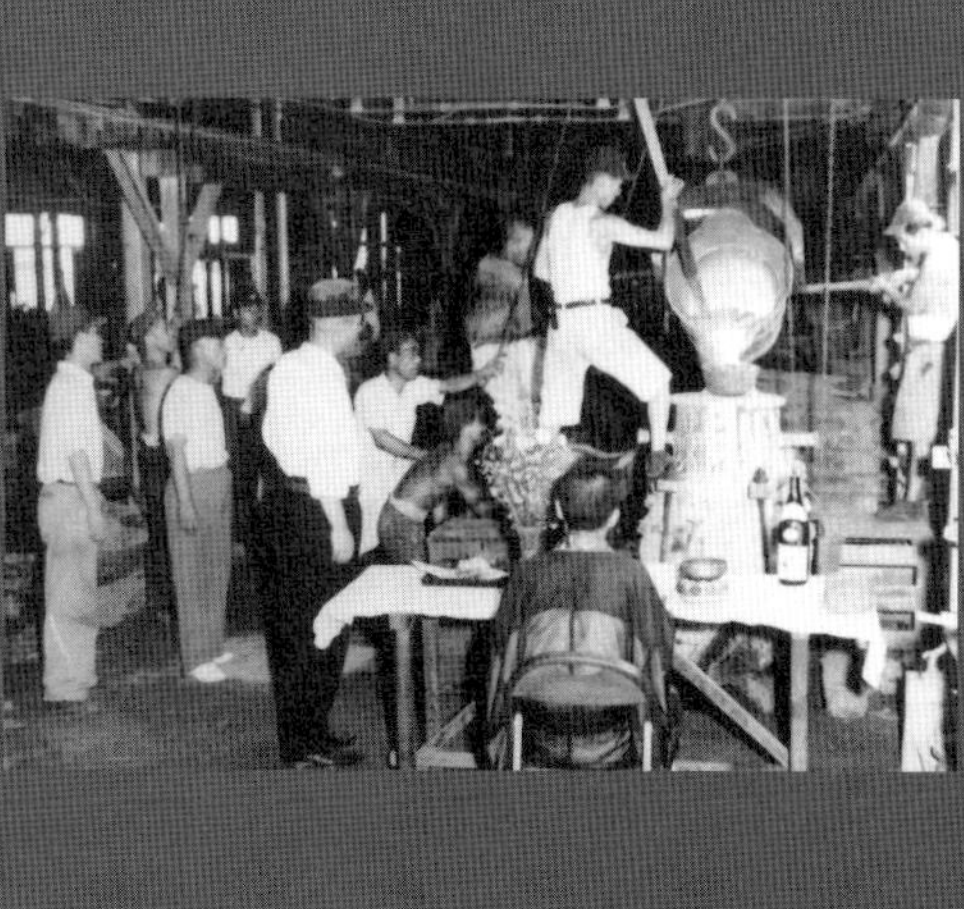

終戦直後のこと。運良く空襲を免れた鋳物工場は、熱気と作業の音で満ちていた。岐阜市にあったナベヤの工場でも、鐘づくりの職人たちが、真っ赤に溶けた青銅を型に流し込んでいた。米を土産に、寺の檀家《だんか》がやってきた。「隣村よりもうちの村の寺の鐘を早くつくってくれ」

戦時中、全国の寺は武器の材料となる釣り鐘を供出。戦後は、鋳造の技を持つ鋳物工場に再建の注文が押し寄せた。

ナベヤにも、月に二十五口もの大量注文が来た。終戦から十年で、八百口の釣り鐘と数千口の半鐘をつくり、名古屋市の大須観音や東京の柴又帝釈天の釣り鐘も手がけた。

しかし、戦後の特需はいつまでも続かない。一九五六年、政府は経済白書で「もはや戦後ではない」と宣言した。鐘の注文は減り、ナベヤは、織機メーカーの下請けとして機械部品の鋳造を手がけるようになっていた。

ナベヤ会長の岡本太右衛門《たえもん》（92）が、還暦で引退した父からそんな会社を継いだのは、白書から六年後の六二（昭和三十七）年のことだった。

三十二歳の新社長は意欲に燃えると同時に、不安を抱えていた。「下請けは納入先の業績に左右されて安定しない。利幅も低い」

少しずつしぼんでいく商いを上向きにするには、何が必要か。ナベヤには何があって、何がないのか。あったのは脈々と続く「愚直な鋳物づくり」。一方、岡本の頭に浮かんだ「ないもの」は、自社で開発した鋳物製品だった。

そして、かつて万力で繁盛した店が岐阜にあったと伝え聞いた話を思い出し、ひらめいた。「万力は鋳物でできる」

万力を量産するため、年商の二割に当たる二億円で新たな機械を買い入れた。父と同世代の役員たちが「失敗したら取り返しが付かん」と反対する中で打って出た賭けだった。

実はちょうどそのころ、家庭用の万力を造る日本の企業を、米機械工具大手のフーラー社が探していた。日曜大工が盛んだった米国の家庭で求められていたからだ。

フーラー社はナベヤのうわさを聞きつけてアプローチ。米国への輸出が決まる。ナベヤが本格的な自社商品として世に送り出した家庭用の万力は、米国で年間百万台も売れる大ヒット商品となった。

やがて、万力は円高で売り上げが減っていったが、自社開発製品への情熱は失われなかった。

強みの鋳物を生かして挑戦できると目を付けたのが、工作機械で削る金属を固定する器具の「治具《じぐ》」だった。「治具は鋳物でできるし、材料を固定する意味で万力は一種の治具やでね」。岡本は説明する。

問屋を通じて、治具に求められる精度を探った。他社があきらめた高難易度のオーダーメード製品にも挑み、ノウハウを蓄積していった。

受け継がれてきた鋳物の技に最新のコンピューター制御技術を組み合わせ、高精度で多品種の治具づくりができるようになった。

九二年には、岐阜県糸貫町（現・本巣市）に主力工場を建設。今では、グループの売上比率で精密治具などが五割超を占める。自社ブランドの「ＥＲＯＮ」は、世界のモノづくりの現場で知られるようになった。

ナベヤは、織田信長が岐阜城に入る七年前の一五六〇（永禄三）年に、鋳物師《いもじ》の岡本伊右衛門が創業。つくるモノは時代により変わってきたが、当主は代々「太右衛門」を襲名し、鋳物の技を磨いてきた。

岡本は言う。「経営はやり過ぎれば転げ落ちる。地道なモノづくりの土台にあったから経営のバランスが取れた」。ナベヤの製品ラインアップ。そこには、岡本が「鋳物づくりの象徴」と表現する釣り鐘が、主力製品となった治具とともに並んでいる。

[上写真]ナベヤの歴史について話す岡本太右衛門会長＝岐阜市で

[下写真]固定器具の治具を加工する社員＝岐阜県本巣市で

[扉写真]釣り鐘を造るため、鋳型に青銅を流し込む従業員＝ナベヤホールディングス提供

corporate data

創業からおよそ460年。2022年8月から持ち株会社のナベヤホールディングス（岡本太右衛門会長）が、精密治具や防振製品、水道管の部品、住宅設備などを手がける五つの事業会社を傘下に置いている。非上場で昨年のグループ売上高は122億円。従業員は600人。本社は岐阜市。

30 story タケウチテクノ（現タケウチビユーテー）

車の美容師。日本仕様

「失敗は目的に到達するプロセスだ」

「工場の前が悪路じゃなければ、洗車機メーカーになれなかった」

ゲート式自動洗車機の世界トップメーカー、タケウチテクノ（名古屋市港区）。社長の竹内英二（68）は、一九六三（昭和三十八）年に父の茂夫が開発した初号機をいとおしそうに見上げた。

一六（大正五）年、鍛冶屋「鍛冶新《かじしん》」として創業したタケウチテクノ。昭和三十年代には、近隣の配管や機械のメンテナンスを主な生業とした。

そのころ、目の前の道路には、碍子《がいし》の材料となる粘土がむき出しの状態で山積みされていた。粘土はひと雨降るごとに溶け出し、道はほぼ年中ぬかるみに。作業に向かうオート三輪はたちまち泥だらけになり、従業員がホースを手に水浸しになりながら手洗いするのが日課だった。

「アメリカじゃ、きっと機械が洗うんだろうな」。戦後の米国への憧れからか、決まって誰かが口にした。やがて、従業員たちはホースにブラシを縛り付けてみたり、ハタキをモーターで回転させてみたり。「車を洗う機械」への夢が膨らんでいった。

高度経済成長ただ中の六一年の暮れのこと。当時社長だった茂夫が、ある視察団の募集を目にする。二カ月間にわたり、欧米で最新技術を学ぶという内容だった。「先進国で車を洗う機械を探してきて」。従業員や家族からは、渡航を後押しされた。

翌年四月、視察先の米カリフォルニア州にいた茂夫は、電話帳で洗車場を片っ端から探し、足を運んだ。

茂夫が見たのは、ゲート状の機械に付いたスプレーが上と左右から水を放ち、次々と車を洗う自動洗車機。茂夫は身震いした。

小型で簡易的な洗車機を当時の平均月収の二十カ月分、千五百ドル（五十四万円）で買い求めた。「届いたらテストしてほしい」と日本に知らせた。

会社で留守番をしていた従業員たちは、待ちに待った洗車機が着くと、早速、車に泥を付けて試した。スイッチを押すと、仕様通りに水が出た。だが、泥はこびりついたまま。「なんだこれ。全然洗えん」。何度試しても結果は同じだった。乾燥気候のカリフォルニアでは砂ぼこりの汚れがほとんど。日本のしつこい泥汚れは落とせなかったのだ。

茂夫は諦めなかった。従業員がかつて、手洗いで試みていたアイデアを取り入れ、ゲート状の機械に付けたブラシをモーターで回転させ、車の上側と両側面を洗えるようにした。

ところが、ブラシを回転させると、泥汚れどころかワイパーやミラーも吹き飛んでしまった。「これじゃあ車破壊機だ…」

それから半年ほどがたったある日、茂夫が、小学二年だった英二を連れ、近くの天白川でシラハエ釣りをしていた時だった。大きな魚がかかったと思ったら、ぷつんと釣り糸が切れた。

茂夫ははっとした。「引っかかるとちぎれるブラシなら壊さない」

ブラシの糸を細くして強度を弱めた。その一方で汚れは落とせるあんばいを探った。およそ一年の試行錯誤を経て、初号機がついに完成した。「車の美容師」との意味を込め「カービュウティシャン」と名付けた。

車社会は広がり、増え続けるガソリンスタンドに次々と設置された。ピークの八〇年代には年四千台以上売れた。二〇一五年には、世界最多の累計十一万台超のゲート型洗車機を販売したとしてギネス記録に認定された。

「最も多くの車をピカピカにした」と胸を張る英二。ギネス認定と同じ一五年には、自動で車の周りを回りながら洗うロボットを新たに開発した。

創業者の竹内栄吉（一八九一〜一九四二年）は「独創的な製品開発が必要」と、自社製品にこだわったと伝えられている。英二は言う。「失敗は目的に到達するプロセスだ」。先人たちの思いは、創業から百年たった今も、脈々と受け継がれている。

洗車機の初号機の前で開発について話すタケウチテクノの竹内英二社長＝名古屋市港区で

［扉写真］米カリフォルニア州で購入した洗車機＝1962年9月（タケウチテクノ提供）

corporate data

1916（大正5）年、名古屋市熱田区で創業。マイカー所有者が増える中、44（昭和19）年に現在の本社がある港区に移転し、61年に社名を竹内鉄工に変更した。99年からタケウチテクノ。グループ全体の従業員はおよそ450人。2022年度の売上高は約70億円。

31 story 国島

織る。良い生地と伝統

「日本の羊毛はもっと評価されていい」

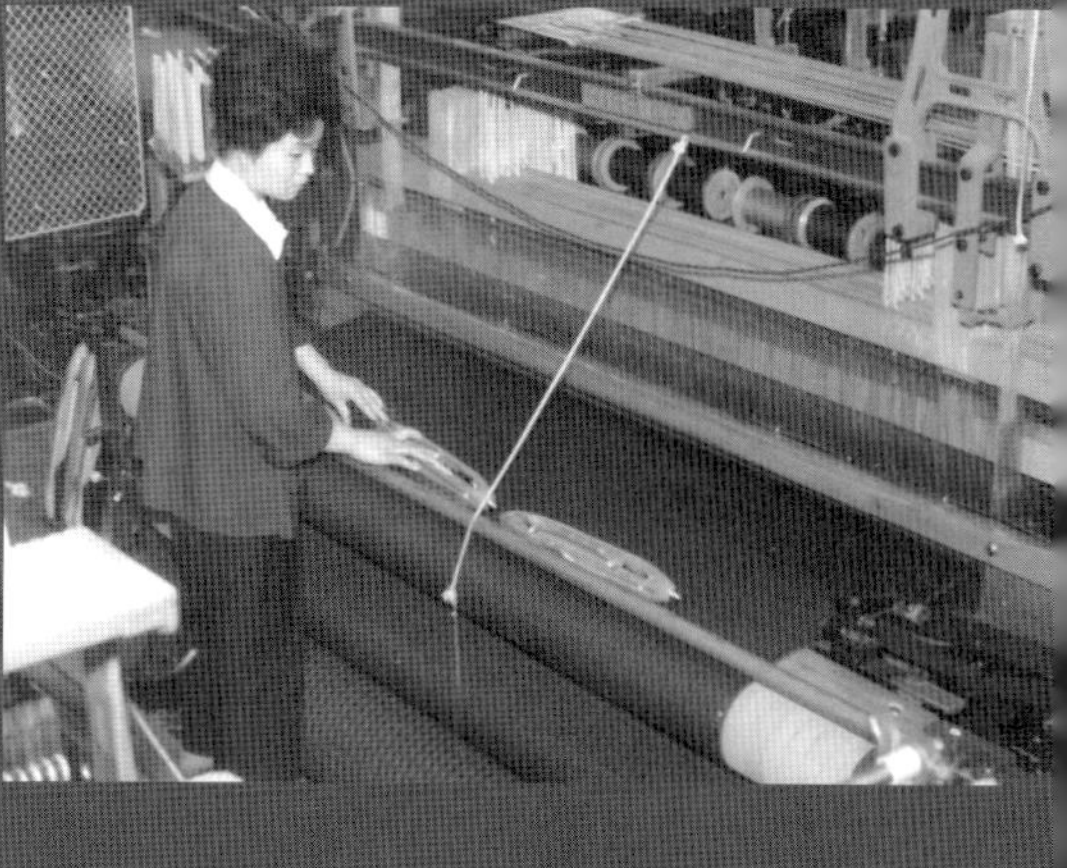

「良い生地って何なんですかね」

二〇〇七年のこと。十年半働いた銀行を辞め、家業の毛織物メーカー「国島」に入社したばかりの三十六歳の伊藤核太郎は、ベテランの工場長や年長の社員たちにそう聞いて回っていた。

国島は黒船が来航する三年前、一八五〇（嘉永三）年に愛知県一宮市の地で機織り屋として誕生した。一宮を中心とする「尾州《びしゅう》」の繊維産業の成長とともに大きくなり、戦後は「ガチャンと織れば万の金がもうかる」といわれたガチャマン景気の波に乗る。

売り上げがそんな右肩上がりだった一九七一（昭和四十六）年に、核太郎は生まれた。東京大を卒業後、「とりあえず稼げるようになりたい」と銀行に就職し、集まった資金を運用するファンドマネジャーとして働いた。

しかし、どうしても仕事が合わない。「いろんな会社とやりとりしても、直接経営に携われず、もどかしさがあった」。六代目の父、正樹（79）からは「帰ってきてくれ」と、ことあるごとに声をかけられていた。甘くないことは十分承知していたが、やりがいを求め、故郷に戻った。

だが、核太郎の目に入ってきた光景は、思っていた以上に「ぼろぼろの状態」だった。

アパレルや小売業者に言われるがまま、はやりを追う製品を、人件費が安い中国で作る。社員は自社製品の良しあしが分からず、卸先に買いたたかれることもしばしば。売り上げは、最盛期だった九六年の四分の一以下にまで落ち込んでいた。社内からは「うちはダメだ」との声が聞こえてきた。

それから一年がたったある日のこと。一本の電話が鳴った。「今も作っていますか」。国島のジャケットを十年前から愛用する九州の高齢男性の問い合わせだった。肉厚で、長く着ても形崩れしないしっかりとした生地。「良質な製品を作っていたんだ」と気付かされた。

会社に入ってからの日々、先行きが見通せない中にも、実は、核太郎には「生き残る道はある」という思いがあった。銀行時代を振り返ると、どんな会社にも「隠れた資産」があったからだ。国島にとって、長年手がけていた生地こそがそれだった。作る側が忘れていた。

会社に入って三年後、社長に就いた。掲げたのは「トレンドに左右されない生地づくり」。職人らが培ってきた伝統の「正しい、きれいな織り方」に立ち返った。糸の太さのムラを見つける機械も取り入れて精度を磨き、動いてもシルエットが崩れない肉厚の生地作りを目指した。売り上げは下げ止まり、年十五億円前後で安定するようになった。

創業時、尾州の後発組としてスタートした国島も、いつしか最古の毛織物メーカーとなった。核太郎が自らに課すのは、先人が残した伝統を次世代につなぐことと、もう一つ、「生地を通じて、背景にあるストーリーも伝えていくこと」だという。

手がけたのが、国産羊毛100%の生地。北海道に理想の牧場づくり、飼育方法を極めようとしている牧羊家たちがいることを知った。そして、彼らがつくる原毛の品質の高さにほれ込んだ。

「日本の羊毛はもっと評価されていい。多くの人に日本の牧羊家の話をするために商品を作りたい」。

今では、核太郎に賛同した三十もの牧場が、国島が紡ぐ純国産ジャケットのために羊毛を提供している。

伝統を守りながらの挑戦。五十一歳になった核太郎は自らにこう問う。

「販売員が思わず客に薦めたくなる服の生地が作れているか」

「買い手の感動や好奇心を引き出せているか」

「共感してもらえるものを見つけ、伝えているか」

「良い生地」の追求は続いている。

国産ウールで織った生地を手にする伊藤核太郎社長＝愛知県一宮市で

[扉写真]1960年に建てられた中外毛織の第4工場(現・国島本社工場)で織機を動かす女性従業員＝国島提供

corporate data

1850（嘉永3）年に尾張国中島郡（現・一宮市）で創業。問屋や金融などの多角営業を経て、現在は主にスーツ向け生地を製造する。1981年に「国島」と子会社「中外《ちゅうがい》毛織」が合併して「中外国島」となったが、「短く、より親しみやすいように」と、2020年に「国島」に社名を戻した。ここ数年はコロナ禍で売り上げが落ち込んだが、現在は回復傾向にある。従業員は50人。

インタビュー03

1669（寛文9）年に創業した名古屋市中区の鉄鋼・機械商社「岡谷鋼機」の岡谷篤一相談役（80）に、長年にわたり長寿企業を率いた経営者としての矜持《きょうじ》を聞きました。

岡谷鋼機 相談役
岡谷 篤一
Tokuichi Okaya

―― 350年を超す社史のターニングポイントは

直接は経験していないが、やはり太平洋戦争の終戦前後だろう。多くの人が死んでしまったので、会社を維持する上で大変だったと思う。戦後に父と祖父の三代で一つの家に暮らした時期が記憶に残っている。戦争から帰ったばかりの父に社長を継がせた祖父は、毎日お経を上げていた。会社や家族を運営していくには平和が一番だと、考えていたのだろう。私も80歳になり、社長を退いた今、同じことを思っている。

―― 和を重んじることは、岡谷家の家訓なのか

「家族は仲良くすべきだ」というのは家訓だと言える。昔から年に数回は一族で集まり、相続争いのような無駄なことはしないで助け合おうという意識がある。会社も同じで、社内で争い事をしていたら外の力には勝てない。社風というわけではないが、そういう意識は社員にも伝えてきた。

―― 老舗企業の家系であることは意識してきたか

古い会社だから長く続かせなければ、と思ったことはない。1990年に社長になった時、経営は厳しかった。家族企業は上場しない方が良いと言う人もいたが、「今やらなければつぶれてしまう」という思いで、95年に上場した。私の父は1958（昭和33）年に飛行機事故で亡くなっているし、いつ何が起こるか分からない。今日よりあした、あしたよりあさっての積み重ねで会社を大きくしなければ、との思いでやってきた。

――長寿企業であるということが奏功したことは

社長になる前の80年代に米半導体大手インテルの幹部が日本での正規代理店を選ぶために来日し、箱根のホテルで会合を開いた。幹部は「1669年に創業したのか」と驚いていたが、「古い会社だからと言って古いことばかりしていてはつぶれてしまう。新しいこともやっていく」と決意を伝えた。代理店に決まった時は「会社の歴史が信用につながったのだ」と思い、うれしかった。

――欧州の老舗企業を中心とする国際組織「エノキアン協会」（本部＝フランス・パリ）の会長を日本人として初めて務めた。どんな活動をしているのか

20年ほど前、欧州に拠点を作りたいと考えていた時期にデンソーの岡部弘さん（元会長）から協会の存在を聞いて、渡仏した際にパリの事務局を飛び込みで訪ねた。その足で創設メン

バーの宝石店メレリオに連れて行かれ、思いを伝えたら入会できることになった。

協会のみんなでイタリアの銃製造大手ベレッタや鐘楼メーカーなんかを見に行ったが、それ以上に多くの経営者たちと飲み食いしながら話ができたことが大きい。会員企業が集まる総会は持ち回りで開かれ、名古屋で開催したこともある。勉強になるし、入って良かったと思っていたら、事務局から「あなたはよく遊びに付き合ってくれるし、会長をやってくれないか」と頼まれた。会長になって、海外企業とのコミュニケーションがより取りやすくなったのはよかった。

―― 海外と日本の老舗企業で違いや共通点は

社風の違いは千差万別だが、そうした違いを見られただけでも入会した価値があった。共通するのは、あまり派手な経営をせず、地道にこつこつやる企業が多いこと。私自身もそれが大事だと思ってやってきた。

PROFILE

岡谷 篤一（おかや・とくいち）

1944年生まれ。1990年から就いていた13代目社長の座を2021年に長男健広氏に譲った。2013～16年に名古屋商工会議所会頭。18～21年にエノキアン協会で日本人初の会長。岡谷鋼機は初代岡谷惣助が1669年に創業した金物商「笹屋」を起源に、1937年に株式会社岡谷商店として設立された。

32 story

萬乗醸造

風雲児。日本酒の挑戦

「歴史にあぐらをかいていてはいけない」

二〇一〇年秋、日本酒造りを手がける萬乗醸造《ばんじょう》（名古屋市緑区）の十五代目、久野九平治《くへいじ》は、酒米の王とも呼ばれる「山田錦」の産地・兵庫県西脇市にいた。

一反（約千平方㍍）の田んぼを借り、酒蔵のスタッフとともに初めて育てたコメを収穫。「一粒一粒の米粒が大きくみえる」。稲作にまでこだわる酒造りの始まりだった。

九平治は高校卒業後、演劇の道を志し、東京で芝居に明け暮れた。急病で倒れた父に呼び戻され、二十六歳の若さで継いだ家業は、想像していたより厳しい状況に追い込まれていた。

日本酒の消費は一九七〇年代前半から減少。萬乗醸造の売り上げは、九平治が社長に就いた九〇年代以降も右肩下がり。長年続けてきた「日本酒の大量生産」は立ちゆかなくなっていた。手を打たなければ、じり貧は明らかだった。

まず、仕込みの量を絞り込んだ。温度管理をしやすくするため、タンクで大量に保存する方法からビンで小分けしたものを貯蔵する形に変えた。

同時に、海外に目を向けた。日本酒の輸出先といえば当時から米国、中国がメイン。しかし、「つるむのが苦手」な九平治は、同業他社がほとんどいなかったフランスに活路を求める。

二〇〇六年、単身フランスに渡り、パリのホテルやレストランに飛び込みで看板商品「醸《かも》し人《びと》九平次」の売り込みに奔走した。

熱意はやがて現地の人たちの心を動かした。パリの星付きレストラン「ギィ・サボア」が最初に醸し人をメニューに加えた。酸味の利いたフルーティーな香りが「フランス料理によく合う」と評判を呼んだ。

手応えを感じた九平治は矢継ぎ早に営業攻勢をかけ、醸し人を提供する店は徐々に増えていった。

その一方で、九平治の心中は、フランスに来てからずっと穏やかでなかった。

九平治はそれまでの飛び込み営業で、ワインソムリエたちに日本酒の造り方でなく、酒の原料であるコメのことを何度も聞かれていた。本で仕入れた知識を頼りに必死に答えたが、納得してくれない。そこで当たり前のことに気づいた。

「ワインはブドウから、日本酒はコメからできている」

思い返せば、酒米は決まった農家から仕入れるだけで、コメそのもののことをよく知らなかった。

「社長、コメを作ってみましょうよ」。会社のスタッフにも後押しされた。

兵庫の田んぼを借りて稲作に挑んだ一年目の一〇年、収穫量は三百五十キロ。四合瓶（七百二十ミリリットル）で三百本の日本酒になった。量が多いとは言えなかったが、手のかかる子を育て上げたようで、うれしかった。

稲作が軌道に乗りだした一五年、九平治は、フランスで醸し人を出す三つ星レストランのシェフ、ヤニック・アレノを日本に招く。

ワイン用のブドウ畑を所有するアレノの興味は、コメが育つ環境に注がれた。彼は九平治の水田の土をすくい、包むようにして素手で感触を確かめた。

「きめが細かい土ですね」「この土地の成り立ちを教えてほしい」。九平治とアレノはコメについて、それを育む土について、語り合った。

兵庫の田んぼはいま、三十町（三十万平方メートル）にまで広がった。醸し人はすべて、この水田から採れたコメを原料に、愛知県三河地方の山の水を使って造られている。当初、フランスだけだった輸出先は、イギリス、ドイツ、スイスなど十カ国にまで増えた。

この秋には、田んぼの隣接地に新たな酒蔵をオープンさせる。名古屋と兵庫の二拠点で酒造りを進め、輸出先をさらに広げる構想を描く。

江戸時代、三代将軍徳川家光のころから続く造り酒屋の当主という自覚もある。五十八歳になった九平治はこう口にする。「歴史にあぐらをかいていてはいけない」。そして、風雲児の挑戦は続く。「日本酒の未来を変えたい」

酒造りについて語る久野九平治＝名古屋市緑区の萬乗醸造で

［扉写真］江戸時代に帳場として使われた部屋

corporate data

1647（正保4）年、庄屋だった初代久野九平治が酒造りを始める。歴代の当主が初代の名前を襲名してきた。1997年、看板商品となる「醸し人九平次」が誕生。2002年からは、精米歩合が50％以下の「純米大吟醸」と60％以下の「純米吟醸」のみを生産している。06年からフランスでの営業活動を開始。15年にはブルゴーニュ地方の醸造所を買い取り、ワイン生産も始めた。売上高非公表。従業員は約50人。

33 story

栄光堂

七変化。ニッチに活路

「栄光堂のDNAは進取の精神で生き残ること」

専務なのに、月給は十五万円――。二〇〇二年、菓子の製造、卸を手がける家業の栄光堂に三十四歳で入社した鈴木伝《ゆずる》は、がくぜんとした。大手商社に勤めていたときと比べて月給は八割以上も減り、社員五人だけの社内の空気は暗くよどんでいた。

「やることがない」

仕事といえば、かつてヒットした自社のキャラメル「ゼリコ飴《あめ》」を積んだワゴン車を運転して、岐阜県大垣市の本社から三重県桑名市の温泉施設に納めることだけ。販売する菓子は他社に製造を委託したものがほとんどで、ゼリコ飴も週に一回作る程度になっていた。

業績は低迷し、売り上げおよそ一億五千万円の会社に八億円の借入金がのしかかった。社長だった父、清次郎（故人）の資産でどうにか債務超過を逃れている状態だった。

「栄光堂を頼むぞ」。家業を大きく発展させた曽祖父、伝七から死の間際に託された言葉が、伝の脳裏に何度も浮かんだ。仕事で忙しい両親に代わり、幼い伝の面倒を見たのが伝七だった。

栄光堂の歴史は、一八七七（明治十）年に柿ようかんから始まった。一九三三（昭和八）年に会社化して伝七が社長に就くと、当時、人気だったキャラメルに着目。自社で製造することを決め、三五年に「ゼリコ飴」の名で売り出した。

伝七は大垣から大阪までゼリコ飴を積んだ大八車を引いて行商した。子ども向けにおまけのおもちゃを付けると飛ぶように売れた。ハワイや日本が統治していた台湾、朝鮮半島にも輸出した。

戦後も売り上げを伸ばし、商売を多角化して従業員を百人ほど抱えた時期もあった。だが、大手との競争もあって八〇年代には向かい風となり、栄光堂の売り上げは下がり続けた。

「ひいじいさんの会社をつぶしちゃいけない」。伝は会社の再建を心に誓い、苦境を切り抜ける糸口を探した。

ヒントになったのは、高度経済成長期に始めたゲームセンターにぬいぐるみを卸す事業。本業の菓子を支える「副業」だった。

伝は入社から半年ほどたった二〇〇三年春ごろ、営業でゲーム大手ナムコ（現バンダイナムコホールディングス）の名古屋支店に飛び込む。その席で、何かにすがりたい思いから窮状を説明し、「どうしたらいいでしょうか」と吐露した。

このとき紹介を受けたのがゲームセンターの担当。そして、担当は伝にふと漏らした。「クレーンゲームの機械はメーカーや種類で大きさが違うのに、それに合う菓子を入れてくれる業者がないんだよね」

その言葉でひらめいた。伝は小回りがきく中小の強みを生かし、クレーンゲーム機別に納入できる菓子のカタログを写真付きで制作。全国のゲームセンターの運営会社に売り込むと、高く評価された。

「大手が参入しないニッチな市場なら勝てる」。伝は確信した。アミューズメント施設向けの菓子卸は次々と増え、今では、栄光堂グループ全体の利益の約五割を稼ぐ。

伝七が始めたゼリコ飴は販売が上向かず、伝の代でやめた。今、菓子作りで挑むのもやはり、大手が作らないニッチな商品開発だ。

昨年十二月に発売した国産ハーブのキャンディー「ハーブ農園から」もその一つ。埼玉県の契約農家が育てるローズマリーやレモングラスのエキスと砂糖や水あめなどを混ぜ、付加価値の高さで勝負する。

少子高齢化で縮小する国内市場をにらみ、一四年には、商社マンとして東南アジアに駐在した経験を生かしてベトナムに進出。キャンディーやグミを現地の工場で作り、アジアに販路を広げた。

今、最高経営責任者として栄光堂を切り盛りする五十四歳の伝は断言する。「栄光堂のDNAは創業の菓子を守ることじゃない。伝七がそうだったように、進取の精神で変化を重ねて生き残ることだ」

[左写真]栄光堂がクレーンゲーム向けに卸している菓子。メーカーに特注している

[右写真]会社の成り立ちなどを話す栄光堂の鈴木伝・最高経営責任者=岐阜県大垣市で

[扉写真]ゼリコ飴の宣伝用に使われた車。子どもたちに人気だった=撮影年不詳(同社提供)

corporate data

1877(明治10)年の創業。本社は岐阜県大垣市。旧社名は鈴木栄光堂。2023年4月に、持ち株会社制に移行し、栄光堂ホールディングスがグループ6社を統括する。成長戦略として、製菓会社などの合併・買収(M&A)を進めている。岐阜市民になじみの深い和菓子「起き上り最中《もなか》」の商標権も倒産した運営会社から譲り受けて復活させるなど、菓子の保全にも取り組む。22年3月期のグループ売上高は110億円。従業員は490人。

34 story

丸越

深く。食卓に寄り添う

「一番大事なのは味。
とことんこだわる」

ドボルザークの軽快な小曲「ユーモレスク」の旋律をバックに、出演者が「かりっ、かりっ」と小気味よく漬物をかじる。締めのキャッチフレーズは「いつも、そばに。小夜子《さよこ》です」。一九八八（昭和六十三）年に漬物の製造、販売を手がける丸越《まるこし》（名古屋市天白区）が打ち出した浅漬けブランド「小夜子」のテレビＣＭだ。

日本がバブルに沸き、海外のブランド品を競うように買った時代。「漬物にもブランドがあっていい」。業界で先駆的だった三代目社長で、現在八十六歳になる野田幸男の挑戦は、大当たりした。

当時はまだ学生で、アルバイトとして店頭に出ていた四代目の現社長、明孝（59）は「汗だくになって接客をした」と振り返る。

九四年には直営の販売店が十三店、フランチャイズが三百三十三店に達した。知名度の向上で、取り扱うスーパーも大幅に増えた。

創業は第一次世界大戦が開戦した一四（大正三）年にさかのぼる。初代の野田市次郎は表具店として商いを始めたが、従業員を兵役にとられ、続けることが難しくなっていた。目に留まったのは、向かいの八百屋。店頭にぶら下げたざるに次々と銭が入っていた。「わしもやろかな」と店主に相談すると「野菜は売れ残ったら腐ってまう。（日持ちする）漬物にしたらええじゃん」と勧められ、漬物を扱うことになった、との逸話が伝わる。

名古屋市南区の内田橋に開いた店は、太平洋戦争の空襲で全焼。戦後にバラックを建て、漬物作りを再開したが、五九年には伊勢湾台風に見舞われる。

店は水没し、漬物のたるがぷかぷかと浮いてしまうほどの被害だったが、二代目の一次《かずじ》は銀行から受けた融資を自社の再建より先に取引先への支払いに充てた。「苦しいのはみんな一緒だで」

一次の行動は小売店が集まる公設市場で評判になり、「丸越を助けたろう」と商品を多く仕入れてもらえるようになった。たるにろうそくをたらして密封していたため台風の水没でも無事だった商品を売り、復活への道を切り開いた。「信用第一、自他を豊かに」が社の経営理念になった。

その後、昭和期の商売は順調に進んだが、パン食などの浸透で米食が減るのに伴い、平成以降、漬物の消費量が減少傾向となる。時代の波にのまれ廃業していく漬物店も少なくなかった。

二〇〇七年に社長に就いた四代目の明孝にも、もちろん危機感があった。受け継がれてきた日本の食文化と家業を未来につなぐには、何をすべきなのか。

そんなことを毎日のように考えていたある日、自宅でピザやハンバーガーのピクルスをのけて食べる子どもたちの姿を見ていて、ふと気づく。

「現代の洋食に合い、子どもたちが好んでくれる漬物を作れるのでは」

幼いころに親しんだ味であれば、大人になってからも食べてもらえるはずだと考えた。

サラダ風の漬物やクリームチーズの粕《かす》漬けなど斬新な商品の開発を進め、一二年には漬物の日本一を決める「T―1グランプリ」で「ごぼうとナッツの胡麻味噌《ごまみそ》漬」がグランプリを受賞。以来、毎年中部ブロックを上位で通過し、全国大会の決勝に進出している。

新商品の開発を支えるのは、自社で直接運営する対面販売の店舗だ。「ちょっと味が濃いかな」「歯応えが悪いね」。販売数量のデータだけからは見えない客の声を販売員が商品開発の担当者に伝え、味に反映させる。

「一番大事なのは味。とことんこだわる」と明孝。時代とともに食習慣や人の好みが変わっても、試行錯誤を続け、味を追求する。「いつも、そばに」ある存在であるために。

[左写真]鮮やかに盛り付けられた漬物が並ぶ「丸越」の売り場＝名古屋・名駅の名鉄百貨店メンズ館で

[右写真]「一番大事なのは味」と語る野田明孝社長＝名古屋市天白区で

[扉写真]昭和40年代の丸越の工場＝同社提供

corporate data

1914（大正3）年、野田屋本店として創業した。50（昭和25）年に丸越に改組。54年には名鉄百貨店への出店を果たした。2022年3月期の売上高は約62億円。従業員は約220人。1973年から名古屋市天白区に本社を構える。

35 story

なるせ

反骨心。その先のパン

「こつこつと着実に進む夜行列車のように」

飛騨のパンを求め、全国から訪れた客が連日、行列をつくる。岐阜県高山市の「トラン・ブルー」。店主の成瀬正（63）が並べるのは自らが納得したパンだけだ。

正は、高山で「給食のパン屋さん」として親しまれてきた「なるせ」の四代目。東京の大学に進学したが、周囲が就職活動で動き回る中にあって、いつしか家業を継ぐことを意識していく。そこには先代への敬意があった。

なるせの歴史は一九一二（大正元）年にさかのぼる。元々は和菓子屋だったが、昭和初期にパン製造に乗り出す。戦後になると、学校給食や個人商店への卸売りを幅広く手がけるようになった。正には「じいさんたち（初代春吉と二代目春馬）は、日本文化になかったパンでやってきて、すごい」と掛け値なしで思えた。

大学を卒業すると、パン職人の技を基礎から学んだ。ホテルオークラ東京などで修業すること五年。いつしか「覚えた技術を高山に持ち帰り、なるせに新しい風を入れたい」と考えるようになっていた。八六（昭和六十一）年、高山に帰郷。三代目の父、良一に頼んで、給食用の工場の片隅を間借りし、手作りパンの小さな工房を設けた。

目指したのは「本物志向」。まず、パンのできあがりをイメージし、それに合う複数の小麦粉やバターを求めた。さらに、自らの五感を頼りに生地の色合いやにおいなどを見極める。日によって発酵や熟成のあんばいをみながら、オーブンの温度などを変えた。

周囲から「高山では通用しないパン作り。作っても売れない」と言われたが、「やってみないと分からない」。反骨心が自らを後押しした。

まずは、食パンの宅配販売から始めた。新聞の折り込みチラシやおためし宅配で地域に売り込んだ。気に入ってくれる客は徐々に増え、二年後には宅配先が千二百軒に。そして八九年、工場の外にトラン・ブルーの名前で店舗を構えた。

フランス語で「青い列車」を意味する店名には、「求めるところにこつこつと着実に進んでいく、夜行列車のように」との思いを込めた。フランスパンや食パンなど十五種類を売り、地元で静かな人気を集めた。

しかし、開店から五年目、試練が立ちはだかる。父が死去し、会社に二億円の借金があることが判明したのだ。二億円はなるせの年商を超える金額で、債務超過の状態だった。当時三十三歳。社長を継いだ正は、帳簿を見て体から力が抜けるのを感じた。

高山ではその数年前からコンビニの出店が続き、得意先の個人商店が次々と姿を消していた。売り上げは激減し、工場の維持費や人件費で負債が膨らんだ。

「子どもたちのための給食はやめられない」「借金は返さなければいけない」――。正は軌道に乗りだしていたトラン・ブルーに命運をかけた。

目を付けたのは、フランスで開催されるパンの国際大会「ドゥ・ラ・ブーランジュリー」。二〇〇五年、三次審査まであった厳しい国内予選を通過し、日本人チーム三人のリーダーとして出場。見事に三位を勝ち取った。「高山にこんなパン屋があるのか」と、全国で一気に注目を集めた。

店には、それまで以上に客が詰めかけるようになった。週一日の休業日には、全国各地を飛び回ってパン作りの講師を務め、借金の返済に充てた。コンクールから十四年。ついに借金を完済し、妻とシャンパンを空けた。

トラン・ブルーの開店から三十年余。「パンは奥が深くて、どこまで行っても完成したという感覚が得られない」。夜行列車のように進む正が求めるところは、まだ、先にある。

クロワッサンの形を整える成瀬正＝岐阜県高山市のトラン・ブルーで
［扉写真］看板商品のクロワッサン

corporate data

1912（大正元）年、初代成瀬春吉が高山市で和菓子屋として創業。2代目春馬が昭和初期にパン製造を始め、現在も、学校給食用のパンを手がける。2022年度の売上高は約2億5000万円で、約70種類のパンを販売するトラン・ブルーがその半分以上を占める。従業員は31人。（問）0577（33）3989

36 story カクキュー

桶狭間再び。実を守る

「先祖は乗り越えてきた。
負けるわけに
いかない」

築九十九年、干支《えと》でいえば甲子《きのえね》にあたる一九二四（大正十三）年に建てられた木造の味噌《みそ》蔵、その名も「甲子蔵」。直径、高さとも二㍍の木おけの中の原料は大豆、そして塩だけ。上には、大小さまざまな丸い石が円すい状に積み上げられている。その数三百五十個、重さ三㌧。少なくとも十年は経験が必要といわれる職人による匠《たくみ》の技だ。

創業から三百八十年続く愛知県岡崎市の味噌醸造元の「カクキュー」。十九代目当主、早川久右衛《きゅうえ》門《もん》（72）が「あとは、この地の環境が味噌を天然醸造してくれます」と説明する通り、自然に発酵するまで、季節の温度や湿度に任せて、最低でも「二夏二冬」は寝かせる。

久右衛門は言う。「ご先祖は、風土と結びついた伝統の製法で造った豆味噌を『八丁味噌』として造り、売ってきました」

カクキュー誕生のきっかけは、織田信長と今川義元が争った桶狭間の戦い（一五六〇年）にさかのぼる。早川家の先祖、新六郎勝久は、主君の義元を失い敗走。逃げ延びた岡崎の地で味噌造りを学んだと伝わる。

勝久の子孫が創業したのは、それから八十年余りがすぎた一六四五（正保二）年のこと。世はすでに太平、岡崎城から西に八丁（約八百七十㍍）離れた現在の岡崎市八丁町に蔵を構えた。現当主の久右衛門は、子どものころから「跡を継ぐんだ」と言われて育った。一九七四（昭和四十九）年に大学を卒業すると、修業をへて、カクキューに入社した。

しかし、すぐに「何かおかしい」と感じる。来客があっても、一人として「いらっしゃいませ」とさえ言わない。注文を受けられるのは担当の社員一人だけ。不在の間は誰も対応できなかった。

「殿様商売だ」。取引先からの冷ややかな声が耳に入ってきた。寡黙な職人の世界では当たり前だったのかもしれないが、久右衛門は「お客を相手にする以上おかしい」と、社内の風土を変えようとした。当初は「浮いているようでつらかった」が、自分だけでもとあいさつをし始める。さらに、周りから「必要ない」と反対される中、ほかでは既に当たり前だったコンピューターを導入。顧客の情報をデータ化し、いつでも注文に応じられるようにした。

現状に甘んじることなく、新商品の開発にも挑んだ。インスタントコーヒーにヒントを得て、二〇一一年には、料理にふりかけたり、カレーなど煮込み料理の隠し味に使ったりできる八丁味噌のパウダーを発売。パウダーとチョコを組み合わせたスイーツも生まれた。時代に合わせた挑戦は軌道に乗りだし、売り上げが伸びていた。

そんな久右衛門のもとに衝撃の知らせが届く。蔵に隣接した食事処「岡崎カクキュー八丁村」を新たにオープンした一七年の暮れのこと。農林水産省が八丁味噌の生産者団体として、「愛知県味噌溜《たまり》醤油《しょうゆ》工業協同組合」を登録する。それは、愛知全体の生産者が八丁味噌の名を使えるようになることを意味していた。

「豆が原料ならば、木おけでなく金属や樹脂製のタンクを使っても、醸造の際に加温してもいいのか。それが八丁味噌なのか」

八丁の地で木おけに仕込まれ、天然醸造されたものが八丁味噌のはず。久右衛門は、代々襲名してきた名前を名乗るなと言われた気がした。

久右衛門はテレビの取材に訴えた。「このままでは文化を守ることができない」

あれから六年。組合から抜けているカクキューは、既得権が効力を失う二六年以降、「八丁味噌」の名を使えなくなる。そんな中、工場見学に訪れる人たちに、ことの経緯を伝え、理解を求めている。

「正しく知ってもらうことで、名実の『実』を守りたい」

時代とともに変わらなければいけないものもある。だが、八丁味噌の伝統製法は変えない。「先祖は戦中の混乱も乗り越えてきた。ここで負けるわけにいかない」。伝統をつなぐために早川の家に生まれてきたと、久右衛門は感じている。

伝統的な八丁味噌の製法を説明する早川久右衛門＝愛知県岡崎市で

［扉写真］味噌造りの仕込みをする職人ら。明治時代末期に撮影＝合資会社八丁味噌提供

corporate data

カクキューは合資会社八丁味噌の屋号。久右衛門さんは合資会社の代表社員。従業員は約50人。例年の出荷量は約2000トン（合わせ味噌を含む）。農水省が新たに設けた地理的表示（GI）保護制度で、カクキューとまるや八丁味噌の2社がつくる「八丁味噌協同組合」は八丁町（当時は八帖町）で造る豆みそを「八丁味噌」として申請したが、愛知県味噌溜醤油工業協同組合は県内の豆味噌を申請。農水省は後者を八丁味噌の生産者団体とした。

37 story 愛知時計電機

計る。平和かみしめて

「ここで何千人もの方が亡くなったことは忘れない」

迫り来る米軍のB29から逃げ惑う中、つないでいた仲良しの同級生の手がほどけた。直後、耳をつんざくごう音とともに爆弾が職場の研究棟を直撃した。

中京高等女学校（現・至学館大）から学徒動員され工場にいた東谷まさ子は、当時十九歳。命からがら地下に逃げ込んだ。爆音がやみ、はい上がると、地上は死体とがれきの山となっていた。

一九四五（昭和二十）年六月九日の熱田空襲。狙われたのは、軍用機を造っていた愛知時計電機（名古屋市熱田区）の船方工場だった。約八分間の空襲で工場は焼き尽くされ、二千人を超える人々が亡くなった。

熱田空襲に詳しい至学館大准教授の越智久美子（46）によれば、中京高女の女学生では、仲良しの同級生を含む三十四人が未来を断たれた。命は助かったまさ子だが、爆音で左耳の聴力を失った。九十七歳になった今も時折、あの日を思い出す。「本当に悲しくて、悲しくて」

熱田空襲で狙われた愛知時計電機は一八九八（明治三十一）年、時計製造が盛んだった名古屋市で創業。精巧な部品作りを追求する中、かんざしや金具などを細工する伝統的な「かざりや」の技を取り入れ、輸入が中心だった柱時計の「ボンボン時計」を手がけるようになった。

転機は創業から六年後の一九〇四（明治三十七）年にやってきた。日露戦争が起こり、兵器が求められるように。国は、精密な加工技術を持つ愛知時計電機に、兵器の部品製造を命じるようになる。社史には「手がけたことのない兵器の部品、付属品の製造は（中略）避けて通りたい〝冒険〟だった」とある。

しかし、日本が次第に戦時に向かう中、思いとは裏腹に軍需品は売り上げの柱となっていった。初めは、砲弾の弾薬を爆発させる信管を造ったが、次に機雷や魚雷の発射管の注文が入り、通信機や計器類など電気機器の製造にも携わるようになった。

海軍の依頼を受けて航空機の分野にも足を踏み入れた。軍の技師と研究を進め、ライト兄弟の有人動力飛行から十七年後の二〇（大正九）年、試作第一号機が完成する。

太平洋戦争中には、初期に主力となった「九九式艦上爆撃機」のほか、艦上爆撃機「彗星《すいせい》」、潜水艦に搭載可能な水上攻撃機「晴嵐《せいらん》」などを量産。軍用機メーカーとしての地位を確かにした。

ピーク時には、従業員や学徒ら合わせて二万人以上が、愛知時計電機と、その航空機部門を分社化した愛知航空機で働いた。学徒の女子は計器類を担い、地下では男子が油や泥にまみれて旋盤を動かし兵器用部品を加工した。まさ子は「本当は勉強をしたかった」と振り返る。

そして四五年、熱田空襲を経て、終戦を迎える。愛知時計電機の従業員は連合軍の進駐を前に、開発に関する極秘の資料をすべて焼いた。日本は航空機の開発や製造を一切禁じられた。

戦後の混乱期、従業員の生活を守るため、当時の経営陣がたどり着いたのは戦前にも手がけた水道メーターだった。時計で時を計ることと、メーターで流体を計ることとは共通しており、既存の技術を生かすことができた。

「水道の普及率は低く、社会にも貢献できるという意識があった」と現会長の星加俊之（67）。復興事業も見越してガスメーターにも参入し、戦後の経済成長に合わせるように事業は成長した。

軍の命令とはいえ、戦時中も高い技術がなければ航空機製造はなし得なかった。難関に挑む開発者の魂は戦後も受け継がれた。一九七七（昭和五十二）年から十二年かけて世界初の電磁式水道メーターを開発。消費電力を従来の一万分の一に抑えたこの業務用メーターは、搭載電池だけで十年間動き続ける。主力製品として米国や中国、中東に輸出され、今日も世界で生活を支えている。

星加は言う。「海外で事業が続けられるのは平和だからこそ。ここで何千人もの方が亡くなったことは忘れてはならない」

[上写真]空襲の体験を語る東谷まさ子=名古屋市内で
[下写真]1945年6月9日の爆撃で壊滅した愛知時計電機の工場(同社提供)
[扉写真]ボンボン時計(左)と飛行機の模型(右手前)=名古屋市熱田区の愛知時計電機で

corporate data

1898（明治31）年、名古屋市中区で「愛知時計製造」として創業。早稲田大の大隈講堂の塔時計などを手がけた。1920年に始めた航空機製造では、終戦までに5399機を生産。化学品製造のアイカ工業、日産自動車完全子会社の愛知機械工業（元・愛知航空機）は、愛知時計電機から分社化した。現在は水道メーター、ガスメーターをそれぞれ年間約200万台製造し、国内トップのシェアを占める。売上高501億円。従業員数1783人。

38 story

マドラス

履く。戦禍くぐり抜け

「チャレンジを不断に続けるところが伸びていく」

「これからは、草履ではない。靴の時代だ」

一九二一（大正十）年、のちにマドラス（名古屋市中区）となる「亜細亜《アジア》製靴《せいか》」を起こした岩田武《ぶ》七《しち》には、そんな確信があった。草履を履く庶民が、まだまだ多かった時代。未来の需要を見越した武七の先見性は、大当たりすることになる。

折しも、「モボ・モガ（モダンボーイ・モダンガール）」と呼ばれた西洋の装いが流行し始めていた。武七は革靴を作る機械を米国からいち早く輸入すると、手縫いにも負けない風合いを実現。庶民向けの「亜細亜の靴」は、全国に広く知られるようになった。

一躍脚光を浴びた亜細亜製靴は、その後も民需を主体に商いを伸ばした。しかし、戦争の足音が近づくにつれ、会社は時代の波に翻弄《ほんろう》されてゆく。

二・二六事件が起こった三六（昭和十一）年に、軍靴製造を担う「機械靴同業組合」に名を連ねる。二年後には、陸軍管理工場の指定を受け、本格的に軍靴づくりを始めた。

その後、本社工場の規模を三倍に拡張。満州の奉天（中国東北部、現・瀋陽）に同業他社と新会社をつくった。名古屋市北区の分工場も建設し、海軍にも軍靴を納めた。

その一方で、四五年三月の名古屋空襲で分工場を失った。さらに、当時専務だった武七の次男、孝《こう》七《しち》が徴兵で出征した。幸いにも生きて帰ることができたが、心に深い傷を負った。孝七の長男で、現社長の達七《たつしち》（72）は、ふとしたときに父親とわずかに交わした会話が記憶に残っている。

「二等兵として徴兵され、日本軍が進駐した南方の激戦地に送り込まれた」「戦争で、会社の大切な仲間を何人も失った」

孝七は生前、テレビで戦争を振り返る生々しい映像が流れると、何も言わずにチャンネルを変えたという。

達七は「戦後生まれの私には想像もできないような苦労があったのだと思う。いやな記憶を思い出したくなかったのだろう」と話す。

終戦から三年後の四八年、創業者の武七が死去する。復興のかじ取りを任されたのは復員間もない孝七。戦争の記憶を振り払うかのように靴づくりにまい進する。

自ら技術の向上に努め、一人の職人として革靴の要となる木型をいくつもつくった。マドラスの大口工場（愛知県大口町）には、戦後の靴コンテストで優勝したとき、孝七が製作した木型が今も飾られている。「木型は俺が一番うまい」が孝七の口癖だった。

六五年には、現在の社名の由来となるイタリア・マドラス社との提携交渉をまとめ、八三年の社名変更に至る道筋をつけた。創業九十年を迎えた二〇一一年には、旗艦店として銀座店を開店。海外ブランドの進出が相次ぐ中、国内メーカーの老舗として存在感を放っている。

ここ数年は、新型コロナウイルス禍によるリモート勤務のあおりを受け、マドラスの紳士靴も売り上げが激減。空襲で分工場を失って以来の危機に直面する中、達七の頭に孝七の言葉がよぎった。

「チャレンジを怠ったところが滅び、不断に続けるところが伸びていく」

今年二月、マドラスは医療用の柔軟ゲルを注入した革靴の中敷き「ｍｅｔａインソール」を発売。足への負担を軽減し、歩行を支え姿勢改善につながるという触れ込みで、クラウドファンディングサイト「Ｍａｋｕａｋｅ」での売り上げは、目標の三十倍に上った。

「疲れにくく、履きやすい靴づくり。それは創業から変わらない姿勢」

戦争をもくぐり抜けてきた先人たちのＤＮＡは、挑戦を続ける達七にも受け継がれている。

会社の歴史などについて語る岩田達七社長＝名古屋市中区で

[扉写真]靴用の木型の整理室(マドラス提供、撮影時期不明)

corporate data

1873(明治6)年に設立された、馬具や革の卸小売りをする「中島屋岩田武七」が前身。初代岩田武七の長男・正次郎が2代目武七を名乗り、1921(大正10)年、亜細亜製靴として設立された。65年、イタリア・マドラスと技術提携。83年、マドラスに社名を変更。売上高は非公表。従業員360人。

39 story 矢橋大理石

石で培った技 生かす。「未来に残る建物の石を手がけたい」

大地で眠っていた石に新たな命を吹き込む――。矢橋大理石（岐阜県大垣市）の生業《なりわい》は、そんな仕事だ。東京の国会議事堂、三井本館、丸ビル（丸の内ビルヂング）…。大正の終わりから昭和の初めに建てられた歴史的な建造物の柱に、壁に、矢橋の大理石は使われている。

「当時、建物用の石材を大規模に調達、加工、施工できたのは、日本でうちだけだっただろう」。現社長の矢橋修太郎（76）はそう語る。

矢橋大理石は一九〇一（明治三十四）年、石灰岩を産出する岐阜県赤坂町（現・大垣市）の金生山《きんしょうざん》で、「矢橋大理石商店」として誕生した。壁や床に石を使う欧米の建築様式が広がりだすころだった。

矢橋はその流れに乗る。商いを発展させ、日本が進出した本土外でも仕事を増やした。戦後、旧満州（中国東北部）の大連に建てられた旧ヤマトホテルを訪れた修太郎は、そのカウンターを見て「金生山で切り出したうちの石だ」とすぐに分かった。

だが、三七（昭和十二）年に日中戦争が始まると新たな建物造りの話が聞こえなくなり、矢橋の仕事もじりじりと減りだした。矢橋を率いていた初代の矢橋亮吉（一八六七～一九四六年）は、従業員を飢えさせるわけにいかないと、頭をひねる。

そして翌三八年。石材加工機械の修理を担っていた従業員たちの技を生かす形で、鉄道車両の金属部品の製造を始めた。

その決断について「戦争では輸送が重要。例えば貨車はいくら造っても足りない。名古屋市の日本車輛《しゃりょう》で監査役をしていた縁もあったので、やってみようと決断したのだと思う」と修太郎は推測する。

その技術は認められ、四三（昭和十八）年には、商工省（経済産業省の前身）の「高級鋳物指定工場」となる。

在庫の石を用いて、戦闘機のエンジンや武器など精密品造りに必要な水平な台「定盤」の製造も手がけた。熱で変形せず、経年変化もほとんどない石の定盤は重宝された。石を絶縁体に使う工場用の配電盤の製作にも取り組んだ。

亮吉は、貧しい同級生を助けてほしいと父に頼み込んだり、初任給を後輩たちの奨学金に使ったりする心持ちの優しい人物だった。国に反発はしないが、銃のように人を殺《あや》める武器そのものには手を出さない意向だった、と伝えられている。

終戦の翌年、社業を支えた亮吉が八十歳でこの世を去り、三代目の次雄（亮吉を襲名）の時代となる。進駐してきた米軍が使うビリヤード台の石板や置き時計の枠を作るなど、戦後しばらくは、できる仕事は何でもやった。

やがて、矢橋は日本の復興とともに活気を取り戻していく。六〇年代に入ると、開業を控えた東海道新幹線の駅舎造りがピークを迎え、建設に携わった矢橋の売り上げも伸びていく。

四代目の修太郎が大学を卒業して入社したのは六九（昭和四十四）年のこと。砥石《といし》で石磨きをすることから始めた。帝国ホテルの柱となる石を何十本も磨いた。

ただ、そのころは、業界での「一強」に陰りが見えだし、タイルなど石に代わる素材が登場してきた時期だった。

修太郎は八八（昭和六十三）年に社長に就くが、バブルがはじけて経営が悪化。注文はさらに少なくなった。

矢橋は未来を切り開くため、経費を抑えられる中国での作業を増やす。さらに、高い技術力を生かして精密な電子部品の穴あけ加工などにも挑み、業務の幅を広げる。

時代は、求める通りには進まない。矢橋の模索は続くが、石への思いは失われていない。修太郎は言う。

「先人たちが築いたもののように、未来に残る建物の石を手がけていきたい」

世界各国で買い付けた石が並ぶ矢橋大理石＝岐阜県大垣市で

[扉写真]大正期、石を運搬する作業員ら＝同社提供

corporate data

中山道の赤坂宿（現・大垣市）で庄屋の家に生まれた矢橋亮吉が創業。宿場を訪れる旅人の土産物として、金生山の大理石を磨いて置物を作った。やがて暖炉や玄関の床を手がけるようになり、機械化を進めて日本の近代建築を支える存在となった。現在は建築石材部、鉄工生産部、電子生産部からなる。売上高は77億9000万円（2022年3月）。従業員はグループで250人。

40 story

天狗缶詰

保存。原点は人の幸せ

「農家の経済的な安定を守りたい」

「農家の経済的な安定を守りたい」が、天狗《てんぐ》缶詰（名古屋市中区）の創業者、伊藤徳次郎の思いだった。

一九二三（大正十二）年のこと、名古屋の台所・柳橋を拠点とする青果問屋だった徳次郎は、保存がきく缶詰に目をつける。「農産物のロス」をなくせば、農家の生業が安定すると考えたからだ。

徳次郎の孫で、天狗缶詰名誉会長の圭一（89）は、幼いころ、名古屋市南区にあった缶詰工場を遊び場にしていたことを思い出す。

「従業員から『坊ちゃん』と呼ばれ、よく頭をなでてもらったよ」

「天狗食品工場」として操業した当初から、規模は大きくないながらも地道に商いを続けていた。しかし、太平洋戦争が始まり、国内の物資が不足しだすと、その影響を受けることになる。

政府は、経済活動を厳しく統制。四三（昭和十八）年、愛知県内の缶詰製造業者は政府の命令で「愛知缶詰興業」として集約され、愛知トマト製造（現カゴメ）が持っていた愛知県大府町（現・大府市）の工場で合同で生産に当たることに。自社工場は休業に追い込まれ、徳次郎を手伝っていた圭一の父清正は、愛知缶詰興業で業務に就いた。

戦時中、缶詰は潜水艦の乗組員らの食料として必要とされ、海軍から大口の注文が入った。ところが、肝心の食材が足りない。清正は缶詰食材の鶏もも肉やレバーを手に入れるため、海軍の担当者とともに農家を回り、育てられていたニワトリを強制的に駆り集めた。農家には代金が支払われたが、貴重な食料を奪うことに清正は罪悪感を感じていた。

戦後、愛知缶詰興業は解散。のちに清正は妻にこう打ち明けたという。「農家を救うための缶詰工場だったはずなのに、農家を苦しめてしまった」

再出発した天狗缶詰。パン食の広がりを背景に始めた業務用りんごジャムの生産が軌道に乗る。ところが、五九（昭和三十四）年の伊勢湾台風で生産設備が水浸しとなり、ほぼ壊滅。復旧のために国から受けた無利子の融資が経営をさらに圧迫した。

そんな中、紡績会社勤務だった圭一が六四（昭和三十九）年に入社、専務に就く。

圭一は米国からの輸入が増えていたグリーンピースに着目。学校給食向けに翌年から缶詰を生産し、卸売業者に売り込んだ。六七年に始めたウズラの卵の缶詰と合わせ、会社の主力商品に成長した。

今では、自動販売機で話題になったおでん缶をはじめ、豆や果実のレトルト食品など商品は数千種にも及ぶ。圭一が社長を引き継いだ八三年に五十億円だった売り上げは、九九年に二倍の百億円になった。

戦争に翻弄《ほんろう》され、戦後は自然災害にも苦しめられた天狗缶詰は今、「食を通して人を幸せにする」との理念を掲げる。そこには、他者の幸せのために働く時、人は最大の力を発揮するという信念がある。それは、百年前、農家のために立ち上がった徳次郎の思いでもある。

[上写真]商品開発の思い出を話す伊藤圭一名誉会長=名古屋市中区で

[下写真]天狗缶詰が販売する商品

[扉写真]伊勢湾台風の被害を受けた天狗缶詰の工場周辺=名古屋市南区で(天狗缶詰提供)

corporate data

タケノコなどの卸売りを手がけていた伊藤徳次郎が1923(大正12)年、缶詰工場を設立。49年に株式会社化した。社名は鼻が高かった徳次郎の風貌に由来する。学校給食を中心に、業務用缶詰やレトルト食品などを製造している。2022年9月期の売上高は107億円、従業員数は8月時点で285人。

41 story イノチオグループ

「この国に生まれた以上、国家のために」

助ける。いつの時代も

一九〇九（明治四十二）年に愛知県の渥美半島に開いた間口三間（五・四㍍）の小さな薬局が始まりだった。店主は、独学で薬剤師となった二十六歳の石黒利平。のちに農薬で世に名を知られることになるイノチオグループ（愛知県豊橋市）の創業者である。

孫で三代目の現社長、石黒功（71）は、利平を「与えられた環境の中で最善を尽くし、世のため人のために命を尽くした」と評する。

イノチオ百十四年の礎を築くきっかけは、一九一四（大正三）年に勃発した第一次世界大戦だった。日本も連合国として参戦したが、医薬品が不足するように。当時、国内の重要な医薬品のほとんどは、敵国ドイツなど外国製だったからだ。

利平は「これは大変なことだ。いやしくも薬学をもって世に立っている以上、いくぶんでも国民の医療衛生のためにお役にたたなくては」と語ったと伝えられている。

以来、利平は夜昼なく研究にのめりこんだ。そして一七（大正六）年、オキシドールの代用として重宝されていた消毒薬で、それまで輸入に頼っていた「過マンガン酸カリ」の製造に成功する。大戦の特需で欧州にも輸出され、戦傷者の治療に使われた。

そんな利平の元には、地元の農家から、農薬を作ってほしいという相談が寄せられるようになる。頼られたら断らない利平は、養蚕向けの消毒剤「昇汞《しょうこう》」などを開発。二一（大正十）年ごろには農薬製造、販売に本腰を入れ、「農薬の石黒」として一躍有名になる。その後も、桑畑の強敵のカイガラ虫を殺す「石灰硫黄合剤」などの製法を発明していった。

やがて、日本は再び戦争の時代に突入していく。一九三一（昭和六）年の満州事変で欧米との関係が悪化。すると、稲や果樹の殺虫剤として利用されていた米国産の「硫酸ニコチン」が手に入りにくくなった。

そんなある日、利平は農林省で病虫害を専門にしていた博士から直々に、硫酸ニコチンの製造を依頼される。地元の農家が食害に苦労していることもよく知っていた利平は、海外の論文を読みあさって研究。数年後、たばこを製造する中で葉っぱを刻むときに出る少量のくずからニコチンを抽出して製造する方法を導き出し、三八（昭和十三）年には量産を可能にする工場を建てた。

戦争が拡大し、金属類が軍需工場に供出されたり、男手の大半が戦地や軍事工場に取られたりもしたが、何とか製造を続けた。利平には「この国に生まれた以上、国家のために」との使命感があった。

戦後の一九五〇（昭和二十五）年、石黒製薬所として法人化。製薬事業は日本の復興とともに大きく成長した。その後、国内に競合他社が多く現れ始める中、東京五輪が開かれた六四（昭和三十九）年には、農家の求めに応える形で、農業資材のビニールの販売に乗り出す。イノチオグループとなった今では、ビニールハウスの建設やドローンなどを活用した「スマート農業」の普及など、農業のさまざまな分野を手がける。

功は言う。「困っている人がいて、放っておけないことがある。人の力になろう、できないことでも何とかしたい、ここに仕事がある。それが会社の原点だ」

功は毎年、新入社員に利平の生き方や言葉を記した『美しい心、美しい夢、大きな志　石黒利平先生』（八木日出雄著）を渡し、その思いを伝え続けている。

[左写真]自社の歴史について話すイノチオホールディングスの石黒功社長=愛知県豊橋市で

[右上写真]創業当時の石黒薬局

[右下写真]硫酸ニコチンを製造した工場

[扉写真]創業者の石黒利平=3点いずれもイノチオグループ提供

corporate data

１９０９（明治４２）年、愛知県田原町（現・田原市）で石黒薬局として創業。17年、石黒製薬所を開設し、５０年に法人化。２０１５年、イノチオホールディングス（ＨＤ）を持ち株会社とするグループとなった。農業用施設や栽培システム、農薬、肥料、営農サポートなどを手がける。グループ名には「命を大切にして、可能性を大きく開いていこう」との願いが込められている。２３年3月期のグループ全体の売上高は約３６０億円。従業員は９２５人。

42 story 坪井利三郎商店

「逆風下で職人の希少性が高まっている今は、好機」

変わる。時代に合わせ

お辞儀をしているかのように、緩やかな丸みを帯びたシルエットの瓦屋根。「むくり屋根」と呼ばれる、日本独自の建築様式だ。蒸し焼きにした愛知・西三河の伝統技術「三州瓦」が、独特の光沢を放っている。

名古屋市中区の屋根工事業者「坪井利三郎商店」の職人たちの手で九月下旬、愛知県長久手市の自社工場内に完成した職業体験施設「KAWARANT（瓦んと）」。瓦屋根の下には、しゃれた雰囲気のカフェ。週末には子どもたちが瓦ぶきや左官を体験できるイベントが開かれる。

「『建築職人のキッザニア』にするのが目標。若者が入ってこない業界に、未来はないですから」。業界の内外で注目を集める施設を開いた背景には、社長の坪井健一郎（36）が抱く強い危機感がある。

職人を志して自社に入社してきた若手で定着するのは、良くても三人に一人。建設業界の三十歳未満の比率は約10％と全産業平均を下回り、高齢化が進んでいる。「背中を見て覚えろ、という教え方は時代遅れ。自分たちがまず、変わらんと」。体験施設の名前には、職人ファーストの原点に回帰すべきだという、自戒の念が込められている。

創業は明治後期。瓦ぶき職人の坪井利助が厳しい修業の末に独立し、長男の利三郎が基盤をつくった。五代目となる健一郎は、三代目の祖父・光男から、職人を大切にする姿勢を学んだ。

「職人さんのおかげ」。社屋の上層階で職人たちと寝食をともにしていた光男は、口癖のように言っていた。健一郎の幼少期には、その「職人さん」たちが一緒に遊んでくれた。「同じ釜の飯を食べ、家族のような付き合いでした」と話す光男の妻つる子（90）は、朝が早い職人のため早起きし、弁当を作っていた。この時期に育った職人が、今も社業を支えている。

正社員七十人のうち職人が三十人も占めるのは、社外の職人に外注することの多い業界内では異例の比率だ。健一郎の父で現会長の進悟（66）がドイツのマイスター制度にならって創設した社内等級制度に支えられ、リーマン・ショックなどの危機を乗り越えてきた。その制度を、健一郎は専務だった三年前、職人の技術やモチベーションをさらに高めるために改革した。

それまでは「伝統建築ができてこそ一人前」という今も根強い価値観を基に、神社仏閣の技術を習得して外部の職人から認められなければ、最高等級を得られなかった。そこに健一郎は、板金施工や太陽光設備の設置といった、神社仏閣以外の工事に強い職人でも最高等級に到達できるルートを新設した。特定の技術に秀でた専門職からゼネラリストの多能工までがそろう、スーパーゼネコンならぬ「スーパーサブコン（下請け建設業者）」への脱皮を図るのが狙いだ。

新規住宅の着工件数が三十年前から半減した逆風の時代にもかかわらず、健一郎は今年四月の社長就任時、五十ページに上る社員向けの「所信」で、十年後の売上高目標を現在の三倍以上に掲げた。職人を大切にする会社だとの信用を積み上げてきたことで、「坪井さんなら安心して任せられる」と言ってくれる顧客や取引先が増えたからだ。今年、愛知県内の電気設備会社を買収したときにも、この信用が物を言った。

「逆風下で職人の希少性が高まっている今は、好機。全エネルギーを人材の確保と育成に投下する」。健一郎はこう話す。

家屋の瓦ぶきに始まった会社は百二十年余のときを経て、名だたる神社仏閣にとどまらず、ディズニーシーや志摩スペイン村、ジブリパークといった象徴的な建造物を手がけてきた。その鍵は、時代に合わせて「変わる」ことだったと、健一郎は思う。さらなる変貌に向け、信頼する職人たちと歩む新社長の挑戦は、始まったばかりだ。

[左写真]丸みを帯びた建築様式「むくり屋根」を再現した職業体験施設「KAWARANT(瓦んと)」=愛知県長久手市で

[右写真]自社の事業などについて話す坪井利三郎商店の坪井健一郎社長=名古屋市中区で

[扉写真]1953年に受注した屋根工事で納めた鬼瓦=同社提供

corporate data

初代の坪井利助が1902(明治35)年、名古屋市の南鍛冶屋町(現・中区栄3)で創業した。長男の利三郎が戦後の49年に合資会社「坪井利三郎商店」を設立。84年に名古屋パルコ建設に伴う移転で、中区栄5に現社屋を建てた。徳川美術館や名古屋能楽堂、名古屋城本丸御殿の屋根ぶきも手掛けた。2022年度の売上高は21億円。10年後の目標値は66億円、グループで100億円と掲げる。

43 story 福田刃物工業

楽隊の心で切り開く。

「脇役として、主役のお客さんをもり立てていく」

ラッパや太鼓を奏でる「楽隊マーク」が、会社のシンボル。岐阜県関市の工業用機械刃物メーカー「福田刃物工業」のユニークなそれは、大正から昭和初めにかけて活躍した社有の楽隊がモチーフで、社屋にも大きく掲げられている。

五代目の社長、福田克則（55）は、そんなマークに、黎明期《れいめい》からヒット商品を生み出してきた自社の歴史を思う。「一人一人のメンバーが力を出しつつ協力し、楽隊も会社も進む。社風を体現するこのマークは、会社の原点です」

創業は一八九六（明治二十九）年。初代の福田吉蔵は日本で初めて、折りたたみできる携帯用ポケットナイフの量産化に成功した。明治維新の廃刀令で日本刀のような旧来型の刃物づくりが時代遅れになる中、輸出も視野に洋風のナイフに目を付けた。当時としては珍しく、飛ぶように売れた。

ところが、大正に入るとほかの刃物業者も次々と追随し、商売に陰りが見え始める。そんな折、吉蔵は岐阜市の紙問屋で、切れ味鋭く紙を断裁する包丁を目にする。国内では作られていない「舶来品」だった。そこに商機を見いだした吉蔵は、ポケットナイフに見切りを付け、一九二一（大正十）年、日本初の紙断裁包丁の製造に乗り出した。

残されている写真から推測すると、社有の楽隊は、このころ結成されたらしい。昭和初期には楽隊マークが完成。主力商品となった紙断裁包丁に刻印され、「福田＝楽隊」のイメージを全国に広めた。太平洋戦争中に本社付近の住民が出征する際には楽隊が呼ばれた、とも伝えられている。

戦時中は陸海軍指定工場となり、戦後は大蔵省印刷局（当時）が紙幣用に断裁包丁を採用。八〇年代の多角化で主力商品が工業用カッターや機械部品に移った後も工業用刃物業界のトップを走っていた九七年、家業を継ぐべく克則が入社する。

十七歳で単身渡米。七年にわたり異国の空気を吸って帰国後は大手電機メーカーに勤めた克則には、安定した経営基盤がかえって、冒険しない、保守的な体質を生んでいるように見えた。

そこで打ち出した方針は、「全てを社員に任せる」。米国時代の高校の校訓に着想を得て、経営指針や計画、目標の類いを廃止した。社員を苦しめる障壁になっていると考えたからだ。二〇一三年の社長就任後は、代理店頼みの商いを直販に変更。顧客のニーズがじかに分かるようになり、技術力の向上につながった。

取引先も増え売上高が十年前から三倍近くまで上昇した昨年、克則は大きな冒険に打って出る。一世紀前のポケットナイフ以来、遠ざかっていた家庭用刃物の販売だ。刃物産地の関にあって、花形の家庭用包丁を作らず工業用品に特化した珍しい企業だっただけに、「他の誰もがやっていない包丁を作りたい」という思いが募っていた。

二年がかりの開発の末に完成したのは、「ダイヤモンドに次ぐ硬さ」をうたう、日本初の超硬合金製の料理包丁。「工業用刃物で培った精密加工技術をふんだんに取り入れた」。開発チームのリーダーで克則の弟、恵介（53）はこう話す。「奇跡の切れ味」や「挑戦の軌跡」などの意味を込め「ＫＩＳＥＫＩ：（キセキ）」と名付けたこの品を、克則は「鋼、ステンレス、セラミックに続く『第四の包丁』として広めたい」と、考えている。

明治から令和まで、時代に応じて商品や売り方を変えてきたが、克則は先人たちから受け継いできた思いを、変えるつもりはない。

「私たちは、これまでもこれからも、楽隊のように脇役として、主役のお客さんをもり立てていく」。今も商品に刻まれた楽隊マークが、その誓いの証しだ。

[上写真]作業状況を話し合う福田刃物工業の若手社員=岐阜県関市で

[下左写真]超硬合金包丁「キセキ」を手にする福田刃物工業の社長、福田克則(右)と弟の恵介=岐阜県関市で

[下右写真]社屋に掲げられた「楽隊マーク」=岐阜県関市で

[扉写真]大正期、工場内で演奏を披露する楽隊=同社提供

corporate data

1896(明治29)年に福田製作所として創業し、1949(昭和24)年に現在の社名になった。従業員150人。昨年12月期の売上高は27億円。うち、紙断裁包丁の比率は1.76%。現在は工業用機械刃物、工作機械、半導体製造装置向け部品などを主商品とする。キセキは昨年11月からのクラウドファンディングだけで1450本を売り上げ、現在は電子商取引(EC)サイトで販売している。

44 story

川崎文具店

したためる。唯一無二

「不可能な状況に見えても、必ず攻略方法がある」

アンティーク調の棚が並ぶ店内。隣接するテラスには、ハンドメードのバーカウンターも施されている。おしゃれなカフェかと見まがうこの場所は、岐阜県大垣市の川崎文具店が今年九月に開業した新店舗「懐憧館《かいどうかん》」。五十種の万年筆と数百種のインクが並び、何時間でも好きなだけ試し書きができる。全国の文具ファンの間で話題を呼び、付近のホテルに二泊して通い詰めた県外客もいるという。

「お客さんと、とことん話せる店にしたい。文具店が廃れてゆく時代に生き残るすべは、それしかない」。こう話す五代目店主の川崎紘嗣《ひろし》（47）が意識するのは、先達から受け継いだ「文具店を守るという覚悟と、時代への適応力」だ。

一九二三（大正十二）年、近江商人だった紘嗣の曽祖父・重松が滋賀県柏原村（現・米原市）で始めた日用品の行商がルーツ。二代目の祖父・光治は、彦根市の老舗文具店での修業で頭角を現し、旧満州（中国東北部）支店長に抜てきされた。戦乱の末に妻子を亡くす悲劇を乗り越えて引き揚げた後、大垣で独立し、経営する店舗を四店に拡大。再婚した妻で三代目店主の民江は企業向けの納品を増やし、経営を安定させた。

民江が店を切り盛りする姿を見て育った紘嗣も店を継ぐことを望んでいたが、四代目店主の父・光一に「文具店はもうからない」と反対され、まずは自動車販売店に就職して営業の基礎を学んだ。店を継いだのは二〇〇九年。文具も扱う量販店やインターネットのカタログ販売の台頭で経営状況は苦しく、「商品を置くだけで売れる時代は終わった」と痛感していた。

強みを見つけなければ―。紘嗣は全国の文具店を視察する中で、企業向けの納品は維持しながら、店頭販売では特定の商品に特化する道を選択する。その商品とは、「使い手の癖を吸収して成長する唯一無二の文具」と昔からほれ込んできた万年筆と、専用のインク。専門書を読みあさり、何本も分解して得た構造の知識を基に、一本一本手に取って最適な商品を探し出す接客を心掛けた。

当初はなかなか結果に結び付かなかったが、一八年に大垣市や商工会議所が中小企業向けの経営支援センターを開設したことが転機になった。「やりたいことはたくさんあるのに頭の中でごちゃごちゃしていた」という紘嗣は開所当日の朝、アイデアを箇条書きしたA４用紙三枚を持参して誰よりも早く訪れ、経営アドバイザーの相談席に座った。

「万年筆への情熱と豊富な知識に見合う異名を名乗り、ブランド化しては」。こう助言され、付けた名前は「色彩の錬金術師　インクバロン」。創業当時の大正浪漫を意識してハンチング帽とベストをかねて愛用しており、バロン（男爵）の呼称はしっくりきた。

自作インクに物語性を持たせる工夫も指南された。「色彩語《しきさいがたり》・古戦場関ケ原」と名付けたシリーズでは、「石田三成は他者に染まらない黒」などと、関ケ原の戦いに加わった武将ごとにふさわしい色を考案。古戦場を訪れて調合し、その場の空気も瓶に詰めたことをうたい、人気商品となった。数十回に上る経営相談を経て、二〇年の売上高は相談開始前の三倍に増えた。

ずらりと陳列された商品以外にも、「青みや黄みを含んだ新緑のもえぎ色」「私の見たままを色で表現して」といった、こだわりの強い要望を的確にインクの色に落とし込むサービスも、評判を呼んでいる。

紘嗣が「文具好きが集まるサロンであり、万年筆が躍動するステージであり、私の脳内を再現したような場所」と呼ぶ懐憧館の一室には、ビリヤード台も置かれている。「不可能な状況に見えても、必ず攻略方法がある」。紘嗣が昔からビリヤードを好んできた理由だ。その哲学は、店主就任当時の苦境から全国屈指の人気文具店へと生まれ変わった過程にも、通底している。

[左写真]ビリヤード台が置かれたシックな店内でコンセプトなどを話す川崎文具店の店主・川崎紘嗣

[右写真]数百種の色やコンセプトのインクがずらりと並ぶ店内＝いずれも岐阜県大垣市で

[扉写真]文房具以外のさまざまな日用品も並んでいた昭和30年代の川崎文具店＝同店提供

corporate data

1923（大正12）年創業。今年6月に100周年を迎えた。店舗はJR大垣駅から徒歩5分。懐憧館の開館に合わせ、隣接する本店は現在改装中。懐憧館のバーカウンターでは体験講座も開く。客の平均滞在時間は3～4時間とも言われ、週末は県内外から50人以上が来店する。売上高は非公表。

45 story

側島製罐

詰める。缶は心の道具

「中に入れて初めて、その物の大事さに気付くこともある」

「お父さんも年で、体調が悪くなってきて…」

二〇一九年春、三十二歳だった石川貴也は故郷の母親との電話でそう知らされ、わが身を振り返っていた。

六十代後半に差しかかっていた父の博章は、愛知県大治町で缶製品を製造する「側島製罐」の五代目社長。東京の大学を卒業した貴也が日本政策金融公庫に入庫して融資営業に奔走し、内閣官房への出向で地方創生にも携わる充実した日々を送れたのは、家業を支える従業員らの存在があってこそだ。父が会社を畳むことになれば百二十年近い伝統が途絶えるばかりか、彼らが行き場を失うことになりかねない。

「他人を踏み台にして成り立つ人生は、誇れるものじゃない」。そう考え、家業を継ぐことを決断した。

会社の原点は一九〇六（明治三十九）年、曽祖父の義兄・側島佐兵衛《さへえ》が現在の名古屋駅近くで始めた養蚕用器具の製造だった。その後、菓子や乾物などの缶を手がけるようになり、戦後は結婚式の引き出物やお中元・お歳暮の需要に後押しされた。二〇〇〇年の売上高は十五億円に上っていた。

しかし、今世紀に入ると逆風が強まる。虚礼廃止で贈答需要はしぼみ、安価な海外製品も台頭。核家族化で大ぶりの缶入り菓子を食べる家庭も減った。売上高は二十年続けて前年を下回り、父の後継者となるべく貴也が入社した二〇年には五億円を割っていた。

当時の社内は、空中分解しているかのようだった。怒号で指示が飛び、従業員同士の意思疎通も乏しい。誰もが主体的には動かず、外部の指示を待っているように見えた。「ある日突然、スーパーマンがやってきて、自分たちの環境を変えてくれることなんてない」。貴也は全社会議でこう、意識改革を呼び掛けた。

特に注力したのが、従業員が働く上でのよりどころとなる経営理念を確立すること。「缶を早くたくさん作り安く売る、ということだけではない価値観が共有される必要がある」。そう考えた貴也が試みたのが、近年多くの成長企業が取り入れている行動指針「ミッション・ビジョン・バリュー（存在意義・理想像・価値観）」の策定だった。

「仕事で大事にしていることは」「苦しい状況でも会社に残ってくれた理由は」。一人一人の言葉に耳を傾けただけでなく、半年間、十四回に及ぶ会議で従業員側からも提案を集めて指針を作ったことで、社内の雰囲気はがらりと変わった。

他社工場の見学や社内イベントの開催、現場のルールづくり…。従業員たちが自ら発案した企画が、次々と実現していった。右肩下がりだった売上高も、二一年はついに回復へ転じた。

時を同じくして、創業後初めて企業以外の個人向け販売事業にも乗り出した。

きっかけは、貴也がＳＮＳ（交流サイト）に投稿した自虐的なつぶやき。「十年間で三百缶しか売れなかったです…」。倉庫に眠っていたカラフルな缶を並べた写真を紹介すると、予想外の反響が集まり、通販サイト開設につながった。

昨年には、子どもが初めてはいた靴やおしゃぶりといった思い出の品を入れる専用の缶を開発した。「ただ保存するだけでなく、中に入れて初めて、その物の大事さに気付くこともある。缶は、心の道具なんです」。そんな思いを込めた「側島心具《しんぐ》製造所」の名前でブランド化した個人向け販売事業は、会社の新たな強みになりつつある。

「商人は信用が財産」。貴也は最近になって、初代の佐兵衛が残した言葉に触れた。世紀を超え、貴也たちが行動指針に盛り込んだ「宝物を託される人になろう」との理想像にもつながる価値観。「方向性は間違っていなかった」と、確信できた。商品や環境は変わっても、変わらぬ思いは今に引き継がれている。

[左写真]側島製罐が手がけた色鮮やかな缶製品
[右写真]自社製品について語る側島製罐の石川貴也代表＝いずれも愛知県大治町で
[扉写真]創業当初の社名「側島蚕具製造所」の広告が掲載された雑誌

corporate data

1906（明治39）年に創業した当時の名称は側島蚕具製造所。その後、側島製罐と改名し、74年に愛知県大治町に移転。4月に父博章さんから石川貴也さんへ代表取締役が交代した。菓子や乾物、蚊取り線香、カーワックスなどを入れる缶を製造。売上高は2021年12月期から回復に転じ、22年12月期は6億5200万円。従業員数は40人。

46 story タナカふとんサービス

転換する。快眠を求め

「質の良い寝具を
長く使っていく
時代が来た」

「尾張国《おわりのくに》の一の宮」として名高い愛知県一宮市の真清田《ますみだ》神社前で江戸期から、毎月三と八が付く日に立ってきた露天市「三八市《さんぱちいち》」。ここで蚊帳や布団の原料を売ってきた田中又三郎が一八七五（明治八）年、近くに布団呉服店を開業した。後に寝具小売業界で全国大手となる、タナカふとんサービスの創業者である。

昭和期になると四代目の寿一《としかず》が成長の礎を担った。戦前には一宮の地場産業である繊維工場街を自転車で回り、住み込みの女性工員らの注文を大量に獲得。戦後は復興需要と高度経済成長の後押しを受け、強固な経営基盤をつくり上げた。

寿一の子で現社長の公雄（79）が家業へ入ったのは、東名高速道路が全通した一九六九年。それから数年のうちに、父は一宮と名古屋・大曽根に、布団専門店としては当時の全国一の規模を誇る大型店舗を相次いで完成させる。

「百万円以上する商品が年に何百組も売れた」。公雄がそう振り返るように、華美な朱色や金色に満ちた婚礼布団の専用フロアは、尾張地域特有のど派手な婚礼文化に支えられ、連日の大盛況となった。

だが、八五年に公雄が五代目社長に就任して以降、寝具業界の流行は目まぐるしく移り変わる。九〇年代に入ると、豪華な婚礼用ばかりか、ベッドの普及で布団自体の売れ行きも悪化。中国製の安価品も流入し、国産品を淘汰《とうた》し始めた。

「この業界で生き残るには、他がやらないことをやるしかない」。そう考えた公雄が打ち出したのは、「布団の工場直売」だった。一分間に一枚のペースで掛け布団を製造する最新機器を自社工場に配備。その横に販売店を並べることで、運送費を抑えた。「高品質ながら低価格」を売りにした工場直売店は、最盛期には全国三十店に上った。

しかし、今世紀に入ると大型量販店が台頭し、消費者の足は路面型の工場直売店から遠のく。一方、忙しく働く人たちからの快眠を求める声も高まってきた。

「価格帯は高くても質の良い寝具を長く使っていく時代が来た」。そう悟った公雄は、寝具のオーダーメード化に乗り出す。マットレス、敷布団、掛け布団…。工場直売店の一角に専用コーナーを設け注文を聞いていくと、ある商品にヒットの兆しを見た。収納スペースに左右されないため買い求めやすい、枕だ。

各顧客にぴったりの形状で枕を作るため、全身をカメラで撮影し、筋肉の硬さや背骨のカーブといったデータを測定する特殊な機器を開発。購入客に「自分だけのもの」という特別感を抱かせる「じぶんまくら」という商品名を公雄自らが名付け、二〇〇七年から販売を始めた。

「これからは布団じゃない。枕をいくつ売るかだ」。発売当初から公雄は社員らにこうハッパをかけ、測定機を備えたじぶんまくら専門店の出店攻勢を仕掛けた。自社の路面店が衰退する原因にもなった全国の大型量販店に狙いを定め、テナントとして続々と出店。購入後も無料補修するサービスも評判を呼び、店舗数は現在、東北から九州まで１５７店に拡大している。

昨年には大きな勲章も加わった。二一年中に販売された十三万六千三百四十六個が「最新年間で最も販売されているオーダーメード枕ブランド」として、ギネス世界記録に認定されたのだ。

「毎年ギネス記録を更新するつもりでやっていく」。公雄はそう言い放つが、振り返れば、危機を迎えるたびに業態の転換を繰り返してきた道のりだった。「おおむね十年ごとに節目が来た。だから、十年後には、まったく別の物を売っているかもしれないですね」。豪快に高笑いした公雄は、米寿を過ぎるその時にも、自身が第一線で指揮を執る姿を思い描いている。

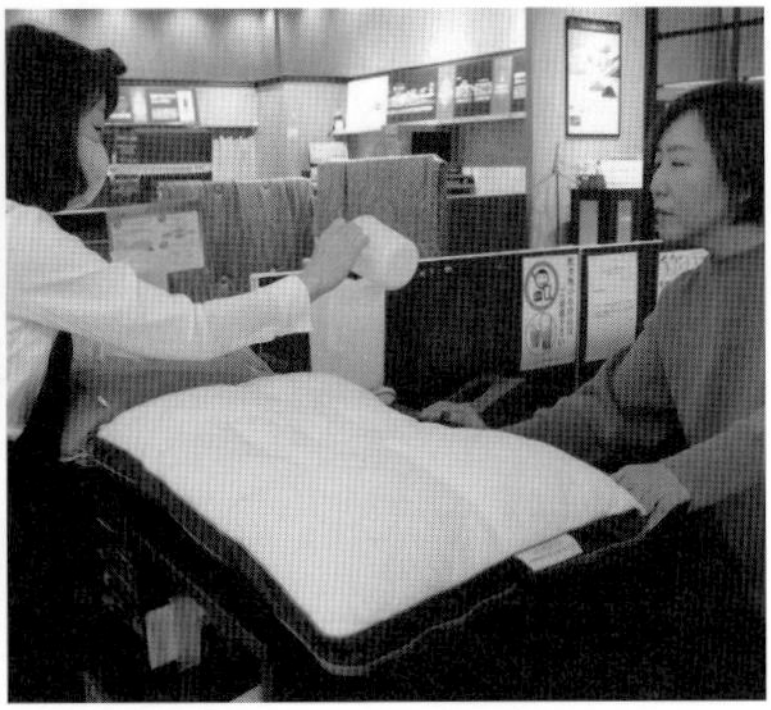

[左写真]「じぶんまくら」を手に会社の歴史を振り返る田中公雄社長=愛知県一宮市のタナカふとんサービス本部で

[右写真]大型量販店に入居する「じぶんまくら」の専門店。顧客の意見を聞きながら内部の素材を決めていく=名古屋市東区のイオンモールナゴヤドーム前で

[扉写真]「田中ふとん店」と名乗っていた1951(昭和26)年ごろの愛知県一宮市内の店舗=一宮市役所提供

corporate data

1875(明治8)年創業。1950(昭和25)年に株式会社として法人化した。本社は愛知県一宮市。現在は、寝具全般を扱う「ふとんタナカ」やオーダーメード枕専門店「じぶんまくら」を全国に展開。昨年度のグループ売上高は240億円。うち約2割をじぶんまくらが占める。グループ全体の従業員は約千人。

47 story 丸三ハシモト

「さまざまな絃への挑戦は絹絃のルネサンス」

紡ぐ。世界の音になれ

中国・上海で二〇一一年に開かれた楽器の万国博覧会「ミュージックチャイナ」。世界中から千八百超のブースがそろった会場で、滋賀県長浜市の和紘《わげん》メーカー「丸三ハシモト」の四代目、三十七歳の橋本英宗《ひでかず》は武者震いしていた。「いよいよ中国で挑戦が始まる。和紘の可能性にかける」

一九〇八（明治四十一）年、養蚕が盛んだった滋賀県北部で創業。琴や三味線が女性のたしなみとされた時代で、紘を携えて町に出向けば、簡単に売れた。

ところが、戦後になりピアノやギターなど舶来の洋楽器が広まると、状況は少しずつ悪化していく。一般社団法人「全国邦楽器組合連合会」の推計では、七〇年に一万八千棹《さお》だった三味線の製造数は、二〇一七年には五分の一以下の三千四百棹に落ち込んだ。

そんな右肩下がりの時代に育った英宗は、一九九八年、大学卒業と同時に入社して専務の役職を与えられた。三代目の父圭祐（77）が退けば自分が社長となる。「市場に合わせ、会社を小さくしていく」。それが、自分の役割だと感じていた。

だが、三十三歳で長男が生まれると、英宗の中で今までになかった感情が芽生えた。「四代つながれたバトンを、最良の形で次に渡したい」。それには、和楽器ではない市場に打って出る必要があると考えた。

洋楽器はどうか―。ギターにマンドリン、ウクレレなどのメーカーに電話し、「何か役に立てることはありますか」と尋ねた。興味を持たれ、話が進むこともあったが、いずれも主力にはなれないと気づいた。

そんな時、七本の紘を指ではじいて演奏する中国の伝統楽器「古琴」の話を耳にする。三千年の歴史があるが、もともとの絹絃から安価で丈夫なスチール弦に代わっていた。中国国内の最後の絹絃メーカーも数年前に廃業していた。英宗は、ここに商機を見た。

「今、日本の絹絃の奥深さが、中国の楽器の美しい音色をよみがえらせる」。上海でのミュージックチャイナ会場で英宗は、自慢の絹絃の魅力をアピールした。

唯一の絹絃メーカーだった丸三ハシモトのブース来訪者は、途切れなかった。

その中に、ひときわ異様な風貌の男がいた。無造作に伸びた髪に、ひげをたくわえ、まるで仙人のような見た目。絹絃を手に取って、英宗にこう言った。「これは、もっとかたくできるか」。男の名は、王鵬。二〇〇八年北京五輪の開会式で演奏された古琴を制作した中国を代表する職人だった。スチール弦に近いかたさの絃を求めていた。

帰国した英宗は、すぐに古琴用の絹絃作りに取りかかった。古琴の七つの絃のうち、太い四本は、芯糸に細い絹糸を巻きつける「纏糸《てんし》」という製法が用いられる。そうすることで絃はかたく、表面が滑らかになる。

初めは人の手で巻きつけてみたが、どうしても力の差が生まれ、凹凸ができてしまう。滋賀県の研究機関に相談し、均等な強さで纏糸を行う加工機を設計した。特注費は四百八十万円。成功への確証は持てなかったが、家業を未来につないでいくため、「この時代に生きる自分の役目はこれだ」と自らを奮い立たせた。

翌年、完成した絃を持って、再び中国へ渡った。王はニコッと笑い、英宗と固い握手を交わした。二〇一八年には中国の大手楽器メーカーと契約。丸三ハシモトの音色は世界中に響きわたる。

四十九歳になった英宗は今、十二絃を指でひく韓国の伝統楽器「伽耶琴《カヤグム》」向けに絹絃作りにも挑む。日本とも中国とも異なる製法で、現地の楽器メーカーからなかなかOKは出ない。それでもこう言う。

「さまざまな絃への挑戦は絹絃のルネサンス（復活）なんです。それは百年紡がれてきた技術を守ることでもある」

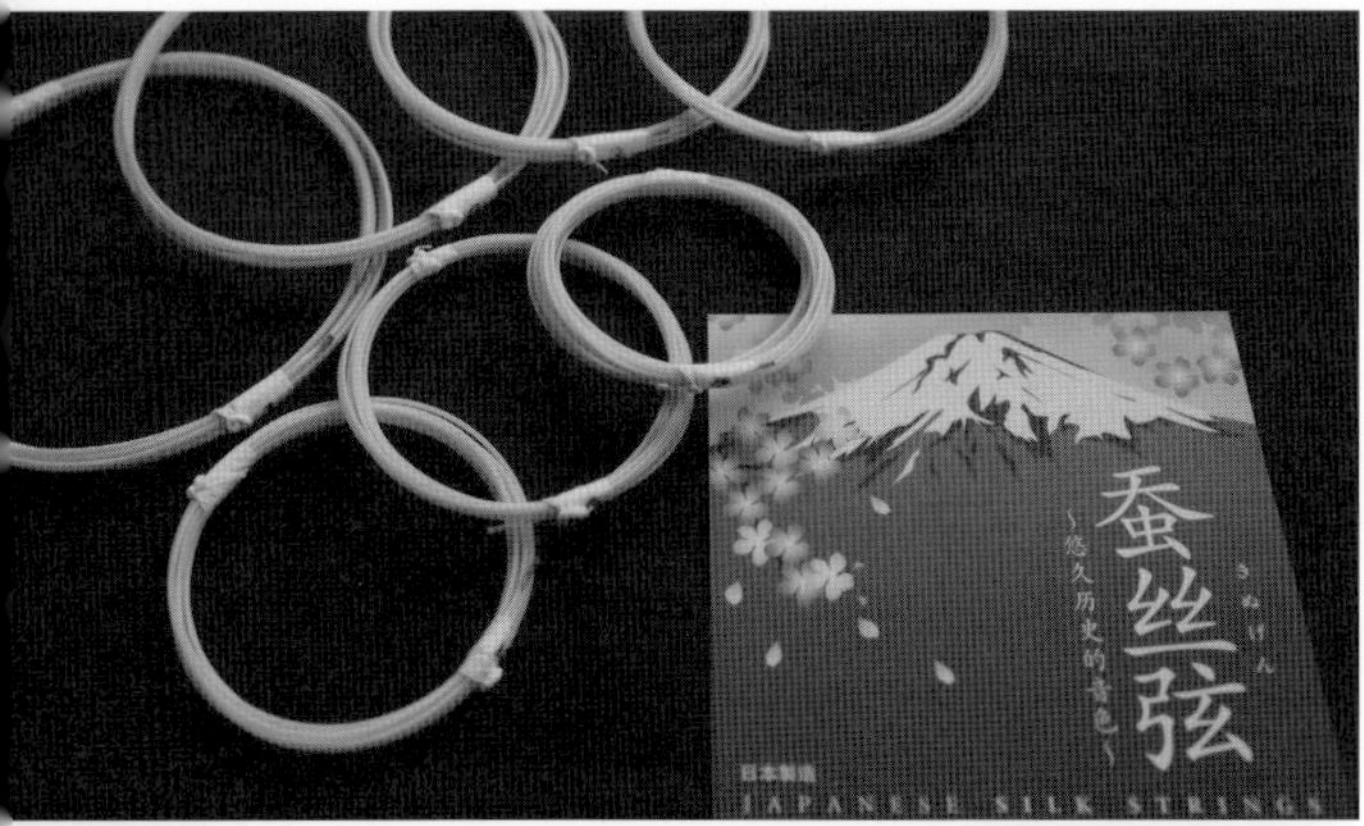

[上写真]中国国内に流通する丸三ハシモトの古琴向け絹絃
[下写真]王鵬(右)と握手を交わす橋本英宗社長＝中国・北京で
[扉写真]昭和50年代に撮影された丸三ハシモトの工場＝滋賀県長浜市木之本町で(同社提供)

corporate data

1908（明治41）年、大阪の楽器糸製造店ででっち奉公していた初代橋本参之祐が故郷の伊香郡（現・滋賀県長浜市）で創業。社名は参之祐の名に由来する。2018年、3代目で会長の圭祐さんが国の無形文化財選定保存技術保持者に認定された。琴や三味線、沖縄の三線《さんしん》など楽器の種類や太さなどによって400種類以上の絃を製造。従業員は15人。

48 story 栄四郎瓦

守る。産地を背負って

「私たちが担わないといけない。採算を度外視しても」

愛知県碧南市と安城市にまたがる油ケ淵。江戸幕府の開府後間もなく、徳川家康の命による河川の開削事業の末にできた湖沼だ。だが、豪雨のたび水害を引き起こすようになり、江戸時代中期、油ケ淵から西方の衣浦湾へ続く排水路が掘削された。現在の碧南市中心部を流れる新川である。

折しも、西三河南部、碧海《へきかい》地域の土壌に含まれる良質な粘土を生かした瓦産業が興り、島根の「石州瓦」、兵庫の「淡路瓦」に並ぶ三大産地「三州瓦」の基盤ができ始めたころ。掘削後に積み上げられた残土に含まれる粘土に目を付けた瓦業者が、新川の両岸に集まった。

そのうちの一社で、現存する国内最古の瓦メーカー「栄四郎瓦」(碧南市)は、一八〇一(享和元)年の創業。以来、二百年以上にわたり、全国各地の屋根瓦を手がけてきた。

現社長で八代目の樅山《もみやま》朋久(61)が商社での修業を終えて入社したのは、一九八八(昭和六十三)年のこと。当時の主力製品は、織田信長が安土城の築城時に招聘《しょうへい》した中国の職人から伝来したとされる、いぶし瓦。「いぶし銀」の語源で、燻製《くんせい》のようにいぶすことで落ち着いた風合いを得た銀色の瓦が、バブル期に林立した和風旅館やテーマパークの施設など大型建築の屋根を彩った。

だが、二十一世紀に入ると、一般住宅の主流は欧州風の洋瓦や瓦以外の屋根材に移っていく。栄四郎瓦も洋瓦の生産量を増やして対応したが、いぶし瓦を増産するため行っていた設備投資が、経営を圧迫した。

「国内市場だけでは限界がある」。そう思い悩んでいた朋久に、思わぬ所から光明が差し込む。閉業した同業者から移籍してきた中国人社員の話で、かつての日本以上の不動産バブルに沸く中国の瓦事情を知ったのだ。

中国の業者は住宅用瓦こそ供給できていたが、特殊な瓦を必要とする寺社建築までは手が回らず、納入遅れが相次いでいた。「寺社は栄四郎瓦が得意とする和瓦との親和性が高い。有力な販路になる」商機を悟った朋久が営業担当に強調させたせりふは、「要望通りの品質と納期を実現します」。各寺社に最適な色や形状の瓦を提案することで、高額な発注が舞い込んだ。

中国は口コミ文化が根強く、ひとたび信頼を勝ち取ると、近隣寺社からの発注の連鎖が生まれた。尖閣諸島の問題などで両国間の政治的緊張が高まった時期にも、発注が減ることはなかった。

中国からの受注単価は高額だった。現在、海外の売り上げは会社全体の10％を占める四億円。「伝統ある和瓦を守る鍵は、海外にあった」と話す朋久の目標は、海外事業の規模を二・五倍に伸ばすことだ。中国国内の営業拠点を、取引例が多い上海地域以外にも設けようとしている。

新型コロナウイルス禍の余波や燃料費の高騰により、三州瓦の産地では家族経営の小規模業者の閉業が目立ってきた。瓦製造に専従してきた栄四郎瓦だが、近年はこうした業者の事業を継ぎ、原料となる粘土や金型づくりにも乗り出している。

「産地を背負っている、と言うのは大げさですが…」。愛知県陶器瓦工業組合の理事長も務める朋久は謙遜しながらも、こう続ける。「瓦の製造工程で欠かせない事業ならば、私たちが担わないといけない。採算を度外視しても、です」

[左写真]瓦を手に自社の歴史などについて話す栄四郎瓦の櫛山朋久社長
[右上写真]愛知県碧南市の新川沿いに設けられた明治期の栄四郎瓦の工場=同社提供
[右下写真]2017年10月、中国アモイ市で開かれた展示会に出展された栄四郎瓦の商品
[扉写真]栄四郎瓦の本社工場で、仕分け作業のためにラインに並べられた瓦=碧南市で

corporate data

1801(享和元)年、初代の樅山金造が丸金瓦工業として創業。文久年間(1861〜64年)から名乗る屋号「丸栄」を用いた丸栄陶業を長らく社名としていたが、2017年に製品のブランド名だった栄四郎瓦に社名変更した。多様な和瓦を生産できるのが強みだが、現在の売り上げは7割が洋瓦。22年度の売上高は39億4千万円、従業員は181人。

49 story 大澤ワックス

「勤勉なベトナムの人たちと出会えたことで、今がある」

即断。
運命の地に進出

「話したいことがある。名古屋まで来てほしい」

一九九七年春ごろ、大阪の化学品商社でのキャリアが軌道に乗り始めていた二十九歳の大澤定《さだむ》は、父の昌良から唐突な電話を受けた。

名古屋市の実家へ向かうと、家業へ入っていた兄と母親とともに神妙な面持ちで待ち受けていた父から、意外な言葉を掛けられた。「頼む。戻ってきてくれ」

父が二代目社長を務める化学品製造会社「大澤ワックス」(名古屋市西区)は、一三(大正二)年創業。家庭用モーターに使われるワックスの製造を祖業に、戦後はじょうろやポリタンクといった園芸用プラスチック製品メーカーに転換。経営は比較的安定し、次男の定は後継問題を気にせず他社に就職した。

だが、九〇年代後半になると、得意先だった中小規模の金物店はホームセンターの台頭に押され、売り上げに伸び悩む。ホームセンターへの納入に苦戦していた父と兄は、プラスチック製品も扱う商社マンの定に立て直し役を任せ、ゆくゆくは事業を継承させるプランを描いていた。

「今更言われても…」。困惑しながらも定の脳裏には、実家の隣の工場を遊び場にしていた幼少期の記憶が浮かんできた。ふと、大阪に持ってきていた身の回り品を整理すると、小学校の卒業文集が出てきた。そこには「大澤ワックスを日本一の会社にする」とあった。少年時代の自らが記したその一言が背中を押した。

翌年に営業部長として入社した定は各地のホームセンターに並ぶ他社商品を分析し、あることに気付く。商品の形状は同じでも、他社はラベルが写真付きで見やすいのに比べ、文字ばかりの自社のラベルは簡素で情報量も少なかった。

「これでは、手に取ってもらえない」。そう悟った定は友人の印刷業者に頼み、ラベルをカラフルな写真付きに一新。一方で、説明文に原料や用途を詳しく書き込んだ。その過程で自社製品の品質の高さを再認識し、それをホームセンター側に売り込むと、納入品目が増え始めた。

需要が高まってきた二〇〇〇年代後半、各ホームセンターは安価な海外から調達量を増やし、メーカー側は海外進出を迫られた。国内工場が手狭になっていた大澤ワックスも他社にならって中国への進出を検討したが、適地が見つからなかった。

「このままでは取り残される」。焦る定に転機が訪れたのは一一年秋、投資を呼びかけるため来日したベトナムの地方政府団から、工場進出を勧められたのだ。「ここしかない」。定はそう即断し、半年後には従業員百人規模の工場建設に取りかかった。

園芸品を中心に定番商品は国内工場、収納ケースやインテリア用品など新商品はベトナム工場と製造ラインをすみ分けたことで生産体制が安定。現地で経験を積んだベトナム人従業員を国内工場でも雇用し、近年深刻化する人手不足の影響も回避できた。昨年の売上高は二十四億円余と、進出前に比べ十四億円も増加した。「勤勉なベトナムの人たちと出会えたことで、今がある」。五年前に正式に三代目社長となった定は実感する。

ベトナム事業の好調に支えられた五十六歳の定は今、欧米のホームセンター市場へ進出する新たな構想を温めている。「シェア日本一の商品を何品も作らないと生き残れない時代」の国内と違って、市場規模が桁違いの欧米では、一つのヒットが膨大な利益を生む。来年から海外の展示会に出展し、足がかりをつくるつもりだ。

その挑戦者精神は、創業者で祖父の英一から譲り受けた、と定は思う。生前の姿は知らないが、当時国内になかったワックスを独学で開発した偉業を、何度も伝え聞いてきた。

大澤ワックスの商品のロゴには、戦前の名古屋軍時代からドラゴンズファンだった祖父が考案した白球マークが使われている。

[上写真]事業について話す大澤定社長=名古屋市西区の本社で

[左下写真]昨年6月、ベトナム北部ハナム省に新設された工場前に集まった現地従業員ら

[右下写真]創業時から続く白球ロゴが入った大澤ワックスの製品

[扉写真]1940(昭和15)年ごろ、名古屋市中川区にあった大澤ワックスの工場=3点いずれも同社提供

corporate data

1913(大正2)年に創業し、家庭用モーターに使う「ベルトワックス」を初めて国産化した。小型農機の燃料に使う混合ガソリンで国内シェア1位。じょうろやポリ容器もシェア上位に付ける。ベトナムでは昨年、新工場を建設。国内工場のある岐阜県瑞浪市では来年、廃校を生かした新たな事業拠点を設ける。従業員は国内42人、ベトナム98人。

50 story 三輪酒造

醸す。海外の食通向け

「酒は濁れど想いは一点のにごりなし」

緑色の瓶の上部には、どろっとした酒かすが残る。三輪酒造（岐阜県大垣市）が米国や欧州に製品を輸出するきっかけとなった看板商品「白川郷純米にごり酒」。甘みがあり、クリーミーな口当たりで、幅広い年代に愛されている。

大垣の酒蔵による「白川郷」。きっかけは半世紀前にさかのぼる。八代目社長の三輪研二（51）の義理の祖父で、六代目春雄が、県内で開かれたある会合で、合掌造りで知られる岐阜県白川村の助役から受けた相談だった。「観光客向けに売れるどぶろく（にごり酒）を造れないか」

どぶろくは酒税法の規定で免許がないと製造できず、一般向けには販売されていなかった。三輪酒造は酒造組合に話を持ちかけたが、清酒が主流の時代。製造に手間のかかるにごり酒には後ろ向きだった。

誰も造らないならチャンスになる──。殺菌が足りず酸っぱくなってしまう。そんな失敗を重ねながら、加熱処理の方法を試行錯誤した。挑戦を始めてから一年。できあがる直前に蒸した米を投入する方法で、十分な発酵をさせることに成功、雑味と米の甘みのバランスが取れた深みのある味が生まれた。一九七六年、どぶろくのような「白川郷純米にごり酒」が完成。白川村で販売すると、人気に火が付いた。

だが、九〇年代に入ると安価なにごり酒が出回り、売り上げは下降線へ。七代目高史（75）は対抗して純米にこだわらない低価格のにごり酒を造ったが、売り上げのてこいれにはならなかった。

次の一手を探る中、取引のある酒屋の担当者に「薄いにごり酒を米国に輸出しないか」と提案された。当時米国では食後に甘い酒をたしなむ人がいた。どろっとしたにごり酒では難しいだろうが、薄くしたら人気が出るかもしれない。酒かすなどを従来の一割に減らし、にごり度合いを低くした「ささにごり酒」を造り、輸出を始めた。

初めての輸出量は四合瓶で年百本弱。結果は散々だった。その見た目から「気持ち悪くて飲めない」と酷評された。それでも味には自信があった。まずは知名度を上げようと、地元情報誌に広告を載せ続けた。すると、次第に現地の日本人が懐かしんで飲むように。折からのすしブームも後押しし、飲食店を中心に人気が出た。

あれから四十年。海外輸出は今や年に八万本で当初の八百倍。売り上げに占める海外比率は15％に上る。にごり酒の印象が強い分、国内で清酒が売れない苦労もあった。それでもにごり酒にこだわった結果、海外の取引先から「にごり酒のことなら三輪酒造に聞こう」と信頼を置かれている。

八代目を預かる研二は今、「この強みは将来につながる」と海外を主戦場の一つにする一方、日本酒への強い思いも抱き続けている。「まずは日本人に日本文化を知ってほしい。酒は濁れど想《おも》いは一点のにごりなし」

[左写真]海外への販路拡大について語る三輪酒造の三輪研二社長＝岐阜県大垣市で

[右写真]海外の飲食店関係者らに商品をPRする三輪酒造のスタッフら＝オーストラリア・シドニーで（同社提供）

[扉写真]本社事務所を建て直す前の三輪酒造。1991年撮影＝岐阜県大垣市で（同社提供）

corporate data

1837（天保8）年、初代三輪徳次郎が交通の便の良い現在の岐阜県大垣市に造り酒屋「澤田屋」を開店し創業。昨年度の売上高は約3億円。例年7割前後をにごり酒が占める。ささにごり酒（720ミリリットル入り）は1356円。本社奥の二つの酒蔵は国の有形文化財に登録されている。従業員数18人。

データ編

帝国データバンクが毎年発表している「全国老舗企業分析調査」によると、創業100年以上の長寿企業は2023年9月現在で全国に4万3631社ある。

その半数が売上高1億円未満で、身の丈に合った経営を安定的に続けてきた中小企業が多い。毎年1千～2千社が長寿企業の仲間入りをする一方、倒産数は100件前後で推移している。

24年には「ダイキン工業」（大阪府）や「タカラトミー」（東京都）、「ブルボン」（新潟県）など2019社が新たに100周年を迎えた。

帝国データの調べで全国最古の企業は、寺社建築を手掛ける大阪府の「金剛組」。聖徳太子が生まれて4年後の飛鳥時代、578年に創業してから1400年以上。世界最古の企業としても知られている。2番手以降は、705年創業で「世界最古の宿」としてギネスブックに認定された山梨県の「西山温泉慶雲館」をはじめ、温泉旅館が上位を占めた。

01 全国の企業の創業年ランキング

1 金剛組（大阪府）木造建築工事	578年
2 西山温泉慶雲館（山梨県）旅館	705年
3 古まん（兵庫県）旅館	717年
4 善吾楼（石川県）旅館	718年
4 やました（石川県）旅館	718年
6 五位堂工業（奈良県）舶用機関製造	745年
7 田中伊雅仏具店（京都府）宗教用具小売り	885年
8 中村社寺（愛知県）木造建築工事	970年
9 一文字屋和輔（京都府）一般飲食店	1000年
10 朱宮神仏具店（山梨県）家具・建具卸	1024年

※帝国データバンク調べ

業種別では、貸事務所業が1401社で最多。創業当時の業態から転じ、保有する土地や建物を生かした不動産事業を行う企業が多いためという。次いで清酒製造（936社）、旅館（783社）、酒小売り（702社）といった日本古来の業種が続く。

02 長寿企業の業種別上位

1 貸事務所	1401社
2 清酒製造	936社
3 旅館	783社
4 酒小売り	702社
5 土木工事	670社
6 一般土木建築工事	655社
7 呉服・服地小売り	644社
8 木造建築工事	637社
9 婦人・子供服小売り	608社
10 酒類卸売り	601社

※帝国データバンク調べ

DATA

03

各県内の企業の創業年ランキング

愛知	1 中村社寺（一宮市）木造建築工事	970年
	2 まるや八丁味噌（岡崎市）みそ製造	1337年
	3 大黒屋（岡崎市）火薬類卸売り	1555年
岐阜	1 岡本・ナベヤグループ（岐阜市）金属製品製造	1560年
	2 桑名屋（大垣市）菓子・パン類卸売り	1597年
	3 平瀬酒造店（高山市）清酒製造	1623年
三重	1 なが餅笹井屋（四日市市）生菓子製造	1550年
	2 太閤餅（伊勢市）生菓子製造	1565年
	3 柳屋奉善（松阪市）生菓子製造	1575年
長野	1 佐久ホテル（佐久市）旅館	1428年
	2 松岡屋醸造場（飯田市）しょうゆ製造	1534年
	3 酒千蔵野（長野市）清酒製造	1540年
福井	1 国嶋清平商店（福井市）みそ製造	1520年
	2 大津屋（福井市）コンビニエンスストア	1573年
	2 室次醸造場（福井市）しょうゆ製造	1573年
滋賀	1 山路酒造（長浜市）清酒製造	1532年
	2 冨田酒造（長浜市）清酒製造	1532年以降
	3 国友久太郎商店（長浜市）火薬類卸売り	1547年

※帝国データバンクなど調べ

中部地方では、平安時代の970年に創業した愛知県一宮市の寺社建築業者「中村社寺」が最古。現在では金剛組のグループ企業となっている。三重県では和菓子、福井県ではみそやしょうゆなどの発酵食品、滋賀県では清酒製造が上位に入っており、地域ごとの特色を反映している。

04

創業100年超の企業数が上位の都道府県

一般社団法人「100年経営研究機構」（東京）も小規模事業者を含めた独自の集計方法で長寿企業数を調べ、20年9月に5万2328社を網羅したデータベースを発表した。創業100年を超す企業は全世界で7万〜8万社あるとされ、その大半を占める日本の「長寿企業大国」ぶりが明らかになった。

同機構のデータベースで長寿企業数が全国最多なのは、東京都の5860社。大阪府（3183社）と京都府（2846社）に次いで、愛知県が2651社と全国で4番目に多い。ものづくり産業が根付く中部6県では計7927社と、全国の15%が集中している。

1 東京都	5860社
2 大阪府	3183社
3 京都府	2846社
4 愛知県	2651社
5 兵庫県	1863社
9 長野県	1629社
17 三重県	1102社
19 岐阜県	1046社
25 滋賀県	799社
28 福井県	700社
全国計	52328社

※2020年9月現在、100年経営研究機構調べ

初出掲載日一覧

※すべて中日新聞朝刊に掲載

企業名	掲載日
柿安本店	2018年1月1日
ホーユー	2018年1月3日
中日本氷糖	2018年1月4日
峰澤鋼機	2018年1月5日
一柳葬具総本店	2018年1月6日
松本義肢製作所	2018年1月8日
おぼろタオル	2018年4月1日
丸川製菓	2018年4月2日
KAIグループ	2018年4月4日
鶴弥	2018年4月5日
カゴメ(上)	2018年4月6日
カゴメ(下)	2018年4月7日
東郷製作所	2018年7月23日
津田駒工業	2018年7月24日
後藤木材	2018年7月28日
河田フェザー	2018年7月29日
杉藤楽弓社	2018年7月30日
東洋軒	2018年12月12日
あいや	2018年12月13日
美川酒造場	2018年12月14日
牧成舎	2018年12月17日
たねやグループ	2018年12月18日
アピ	2023年1月5日
メトロ電気工業	2023年1月6日
ハクヨグループ	2023年1月7日
二軒茶屋餅角屋本店	2023年1月11日

企業名	掲載日
竹本油脂	2023年1月12日
ワーロン	2023年4月5日
杉江製陶	2023年4月6日
ナベヤ	2023年4月7日
タケウチテクノ	2023年4月11日
国島	2023年4月12日
萬乗醸造	2023年6月27日
栄光堂	2023年6月28日
丸越	2023年6月29日
なるせ	2023年6月30日
カクキュー	2023年7月4日
愛知時計電機	2023年8月15日
マドラス	2023年8月16日
矢橋大理石	2023年8月17日
天狗缶詰	2023年8月18日
イノチオグループ	2023年8月19日
坪井利三郎商店	2023年11月2日
福田刃物工業	2023年11月3日
川崎文具店	2023年11月7日
側島製罐	2023年11月8日
タナカふとんサービス	2023年11月9日
丸三ハシモト	2023年12月19日
栄四郎瓦	2023年12月20日
大澤ワックス	2023年12月21日
三輪酒造	2023年12月22日

この本には、中日新聞の記者が足を運んで集めた百年企業の物語が収録されている。一度の取材で原稿を完成させた記者は、ほとんどいない。なんども取材を重ね、それぞれの企業の歴史とそこに生きるひとびとに迫った。

本に登場する百年企業が長くつづいてきた理由はさまざまだ。ハクヨグループ（愛知県豊川市）は材木販売に見切りをつけてスポーツクラブで成功した。反対に、国島（同県一宮市）は受け継がれてきた伝統の生地の魅力を追い求めることで危機をのりこえた。

伝統を守るべきか、捨てて新たなことに挑戦すべきか、それとも、ほかに道があるのか。紹介されている50の企業は、それぞれの選択をへて100年を超える物語をつむいできた。

経営する会社やあなた自身が向かうべきところはどこにあるのか。迷ったとき、ページをもう一度開いてほしい。あなたの心をとらえた物語の中に、答えにたどり着くヒントがきっと隠されている。

中日新聞経済部デスク　中村　禎一郎

掲載企業 索引

なぜ、
あの会社は
つぶれないのか?

100年企業の物語

2024年5月24日 初版第一刷発行

編　著 中日新聞編集局

発行者 鵜飼哲也

発行所 中日新聞社

〒460-8511 名古屋市中区三の丸1丁目6番1号
電話 052-201-8811(大代表)
　　 052-221-1714(出版部直通)
ホームページ https://www.chunichi.co.jp/corporate/nbook/

印刷・製本 株式会社エイエヌオフセット
ブックデザイン 株式会社オレンジ・コミュニケーションズ

ISBN978-4-8062-0815-0